Ostern
Himmelfahrt
Pfingsten
heute gesagt

Predigten der Gegenwart

Herausgegeben
von Horst Nitschke

Gütersloher Verlagshaus
Gerd Mohn

ISBN 3-579-04472-9

Gesamtherstellung: Mohndruck Reinhard Mohn OHG, Gütersloh
Umschlagentwurf: H. P. Willberg
Printed in Germany

Inhalt

Vorwort 7
Walther Fürst (Ostern): Markus 16,1–8 9
Klauß Stüwe (Ostern): Markus 16,1–8 14
Christian Zippert (Ostern): Lukas 24,13–35 17
Dieter Nestle (Ostern): Lukas 24,34 21
Rainer Röhricht (Ostern): Johannes 21,1–14 25
Heinrich Ott (Ostern): 1. Korinther 15,16–20 33
Hans-Werner Bartsch (Ostern): 1. Korinther 15,20 38
Peter Klever (Ostern): 1. Korinther 15,55–58 44
Heinrich Albertz (Ostern): Offenbarung 1,18 49
Alfons Beil (Ostern) 53
Gisbert Greshake (Ostern) 59
Dorothea Margenfeld (Quasimodogeniti): Apostelgeschichte 3,1–16 . . 65
Gert Otto (Misericordias Domini): Johannes 10,10 72
Robert Leuenberger (Himmelfahrt): Matthäus 5,8 76
Klaus von Mering (Himmelfahrt): Markus 16,14–20 80
Walter Dignath (Himmelfahrt): Apostelgeschichte 1,6–14 84
Kurt Marti (Himmelfahrt): Apostelgeschichte 4,12 88
Günter Ruddat (Himmelfahrt): Kolosser 3,1–4 92
Erhard Domay (Himmelfahrt) 98
René Leudesdorff (Himmelfahrt) 102
Dieter Schoeneich (Pfingsten): Jesaja 43,18–19 107
Rudolf Schulz (Pfingsten): Lukas 9,51–57a 112
Adolf Holl (Pfingsten): Johannes 3,8 118
Gunther Backhaus (Pfingsten): Johannes 20,22–23a 120
Homiletische Arbeitsgruppe Münster (Pfingsten):
Apostelgeschichte 2,1–11 124
Jürg Kleemann (Pfingsten): Apostelgeschichte 2,1–7 127
Martin Adam (Pfingsten): Apostelgeschichte 10,34–36.42–46 131
Theodor Lorenzmeier (Pfingsten): Galater 4,6b 136
Rudolf Pesch (Pfingsten) 141
Dieter Schupp (Pfingsten) 146
Peter Beier (Pfingsten) 149
Klaus Reblin (Trinitatis): 2. Korinther 13,13 153

Verzeichnis der Mitarbeiter

Pfarrer Martin Adam, Egelsbach – Pfarrer Heinrich Albertz, Berlin – Pfarrer Dr. Gunther Backhaus, Ratingen – Professor Dr. Hans-Werner Bartsch DD, Frankfurt am Main – Superintendent Peter Beier, Düren – Pfarrer Alfons Beil, Heidelberg – Professor D. Walther Fürst, Friedberg – Professor Dr. Gisbert Greshake, Wien – Dr. Adolf Holl, Wien – Homiletische Arbeitsgruppe Münster (Heribert Arens, OFM, Franz Richardt, OFM, Josef Schulte, OFM) – Wiss. Ass. Pfarrer Jürg Kleemann, München – Pfarrer Peter Klever, München – Pfarrer René Leudesdorff, Bad Homburg v. d. H. – Professor Dr. Robert Leuenberger, CH Küsnacht – Pfarrer Dr. Theodor Lorenzmeier, Bad Salzuflen – Pfarrerin Dorothea Margenfeld, Ludwigsburg – Pfarrer Kurt Marti, CH Bern – Pfarrer Klaus von Mering, Oldenburg – Pfarrer Dr. Dieter Nestle, Marburg – Professor Dr. Heinrich Ott, CH Basel – Professor Dr. Gert Otto, Mainz – Professor Dr. Rudolf Pesch, Frankfurt am Main – Hauptpastor Klaus Reblin, Hamburg – Professor Dr. Dr. Rainer Röhricht, Hamburg – Wissenschaftlicher Assistent Günter Ruddat, Bonn – Pastor Dieter Schoeneich, Hamburg – Pfarrer Rudolf Schulz, Köln – Pfarrer Dieter Schupp, Bobenheim-Roxheim – Pfarrer Klauß Stüwe, München – Studiendirektor Dr. Christian Zippert, Hofgeismar.

Vorwort

Vor vier Jahren legte ich eine Sammlung von Predigten unter dem Titel »Auferstehung heute gesagt« vor. Zwei Motive, unter anderem, bestimmten mich dabei: Neugier und Skepsis. Ich wollte sehen, wie auf deutschen Kanzeln über den locus von der Auferstehung Jesu Christi in einer Zeit gepredigt würde, in der seine traditionelle Formulierung nicht mehr selbstverständlich ist. Es stellte sich heraus, daß eine, wenn man so will, dogmatische Verlegenheit unverkennbar homiletische Kräfte entbunden hatte. Auch die Leser, die Benutzer dieses Bandes scheinen diesen Eindruck gehabt zu haben. Neuauflagen wurden erforderlich. Man sah und ließ sich zeigen, wie auch heute noch von der Auferstehung gepredigt werden kann: nicht, indem man die Substanz zusamt ihrem überkommenen Gewand wie Müll eliminierte, sondern indem man sie in der Auseinandersetzung des Glaubens, und das heißt: in harter, hingebungsvoller, engagierter Arbeit interpretierte. Mir scheint sicher, daß die gebotenen Beispiele vielen aus Müdigkeit, Unsicherheit, Leerlauf heraushelfen und, selbst da, wo eine Anregung als anstößig empfunden worden sein mochte, Mut machen konnten.

Ich bin nun, vermutlich wiederum im Einklang mit vielen, der Meinung, daß ein solches Unternehmen nicht als abgeschlossen gelten sollte. Die Arbeit ist seither weitergegangen, es ist seither weiter gepredigt worden. Und etwas davon soll wieder hergezeigt werden. Die neue Auswahl, die hier geboten wird, überrascht – fast möchte man sagen: Gott sei Dank – nun nicht durch Beispiele dafür, wie inzwischen alles schon wieder totaliter aliter geworden sei; sie lehrt an ein paar herausgegriffenen Modellen, daß in diesen vier Jahren auf eine wohl doch verheißungsvolle Weise weitergedacht werden konnte. Das nachzulesen dürfte Bestätigung, Vermehrung des Antriebs, neu brauchbare Ergänzung der Arbeitshilfe sein.

Aber nun sollte man sich nicht auf das Thema Auferstehung fixieren lassen, als sei dies das einzige Problem, Ostern das einzige Fest, mit dem wir uns schwertun. Vielleicht kann man sogar sagen, daß wir die Lektion Ostern unterdessen so gut gelernt haben, daß es höchste Zeit ist, uns mit gleichem Ernst auch den anderen Daten und Themen des Kirchenjahres zuzuwenden, die von Ostern eingeleitet werden.

Daher habe ich für diesen Band zusätzlich Predigten für die nachösterliche Zeit, vor allem über Himmelfahrt und Pfingsten und schließlich auch Trinitatis aus-

gesucht. Der Prediger, der nicht mit schöner, sondern mit strapaziöser Regelmäßigkeit die sonntägliche Kanzel zu betreten hat – vielleicht sind seine Kräfte von den vorausgegangenen Anstrengungen (zu denen ja auch Passionszeit, Gründonnerstag, Karfreitag, Konfirmationen gehören) so verbraucht, daß sich für den neuen Anlauf dann kaum noch viel investieren läßt; daß für die Fragen, die die genannten Feste uns heute nun einmal stellen, oft nicht mehr der gleiche Elan aufgebracht wird. Wie dem auch sei: Die Schwierigkeiten dieser Themen sind nicht geringer, und nicht selten geraten die hausgemachten Lösungen, die man dafür aus der Tasche hervorholt, etwas zu routiniert.
Ich hoffe also, daß dieser Band mit seinen Oster- und Nachosterpredigten einen ähnlich weiterführenden Dienst tun kann wie die Sammlung vor vier Jahren. Mir ist jedenfalls bei der Sichtung der Manuskripte, die mir eingesandt wurden (und unter denen ich auszuwählen hatte), deutlich geworden, daß es auch heute noch auch über das »Aufgefahren gen Himmel« und über den »Heiligen Geist«, über das »neue Leben« und über die »Geheimnisse der Trinität« Bemerkenswertes zu sagen gibt – selbst wenn es am Ende gar nichts »Neues« ist, sondern sich nur als Probe aufs Exempel erweist, das Exempel, dessen Name Ostern heißt.

Es verdient dankbare Erwähnung, daß sich für diesen Band auch katholische Kollegen zur Verfügung stellten. Ich habe ihre Beiträge absichtlich nicht besonders gekennzeichnet. Mir scheint, sie repräsentieren, aufs ganze gesehen, sowenig eine uniforme katholische Art zu predigen, wie die evangelischen Theologen deckungsgleich eine protestantische Norm reproduzieren. Auch in diesem Band hatte ich es auf Mehrstimmigkeit abgesehen.
Die Reihenfolge der Predigten ist zunächst durch die kirchlichen Daten bestimmt. Innerhalb dieser Gruppen sind die Beiträge nach der Ordnung der biblischen Bücher hintereinandergestellt. Ist ein Bibeltext mehrfach behandelt, so folgen die Predigten dem Alphabet der Verfassernamen. Am Ende jedes Komplexes stehen die »textlosen« Predigten. Außer bei den Predigten von Bartsch, Beil, Greshake, Otto, Marti, Leudesdorff, Domay, Schulz, Kleemann, Lorenzmeier, Beier stammen die Überschriften vom Herausgeber. Aus Platzmangel mußte auch in diesem Band darauf verzichtet werden, die Bibeltexte mit abzudrucken.

H. N.

Ostern — Markus 16,1–8

Walther Fürst — Das gesprengte Grab

I. »*Das leere Grab*« – so pflegt man diese Geschichte zu überschreiben. Liest man sie aber genau, dann fällt auf, wie beiläufig sie vom leeren Grab spricht. Jedenfalls gibt sie es nicht als Beweis dafür aus, daß Jesus wirklich auferstanden ist. Im Gegenteil! Die Frauen gingen sogar ins Grab hinein, sahen mit eigenen Augen, daß die Leiche nicht da war, die man – vor ihren Augen – hier begraben hatte. Aber das hat sie keineswegs überzeugt, daß Jesus auferstanden sei; sie waren weit davon entfernt, das zu glauben. Das leere Grab hat ihnen maßlosen Schrecken eingejagt, der ihnen in die Glieder fuhr und die Kehlen zuschnürte. Sie hörten die Botschaft: »Er ist auferstanden«, aber sie brachten sie nicht über die Lippen, obwohl sie den Befehl erhielten. Zwar ist diese Botschaft dann in die Welt gegangen, und sie ist bis heute nicht verstummt. *Doch vom leeren Grab ist sie nicht ausgegangen – das betont diese Geschichte mit Nachdruck.* Damit, daß das Grab leer war, ist nun einmal nichts zu beweisen. Die Leiche hätte ja auch geraubt sein können. Vielleicht hat dieser Verdacht bei dem Schrecken der Frauen mitgespielt: Wenn man selbst dem toten Jesus keine Ruhe läßt, wird man sie uns, seinen Anhängern, erst recht nicht lassen. Dazu ist der bloße Gedanke, ein Toter könnte ins Leben zurückgekehrt sein, entsetzlich genug. Wenn man *das* von Jesus behauptete, redete man von einem Gespenst und könnte auch mit Engelszungen niemanden zum Glauben an ihn bringen. So, daß sein Tod rückgängig gemacht wurde, kann seine Auferstehung nicht verstanden werden – und so darf sie auch nicht verstanden werden. *Auch das wird in der Geschichte, die wir hörten, deutlich gesagt: Auferstanden ist nicht irgendein Toter, sondern »Jesus der Gekreuzigte«.* Sein Kreuzestod wird nicht – als ein Unfall oder Mißgeschick – durchgestrichen. *Der Auferstandene bleibt der Gekreuzigte.* Doch muß davon später noch die Rede sein.

Zunächst stellt sich jedoch die Frage: Wenn das leere Grab nichts beweist und für den Glauben an Jesus nichts austrägt, warum wird es dann überhaupt erwähnt? Nun, wenn Markus vom Grab spricht, will er vielleicht nicht so sehr darauf hinaus, daß es leer war, als darauf, daß es geöffnet, daß es aufgebrochen war. Dann wäre die Geschichte besser so zu überschreiben: »*Das gesprengte Grab*«. Wir hörten, daß der Stein – »*er war sehr groß*«, so groß, daß Menschenhand ihn nicht bewegen konnte –, daß dieser Stein zur Überraschung der Frauen abgewälzt, weggeschleudert war. Wir erinnern uns: Die Frauen wollten

den Leichnam salben und fürchteten, daß der Stein sie daran hindern werde. Nun, da er weggewälzt war, konnten sie ihr Vorhaben auch nicht ausführen, sie konnten es erst recht nicht.
Es muß eine zentnerschwere Granit- oder Marmorplatte gewesen sein, mit der *Joseph von Arimathia* am Karfreitagabend das Grab hatte verschließen lassen. Unmittelbar vor unserer Geschichte wird erzählt: Joseph war ein angesehener und frommer, aber auch tapferer Mann, der den Mut hatte, sich vor Pilatus zu Jesus zu bekennen und sich den Leichnam auszubitten, um ihn vor dem Massengrab zu bewahren und anständig zu begraben. So tat er für Jesus, was er tun konnte: Sein eigenes Grab trat er ihm ab, er kaufte teure Leinwand und brachte sich selbst in gefährlichen Verdacht. Die schwere Grabplatte sollte den Toten vor jedem Zugriff *schützen* und sollte zugleich ein *Denk- und Ehrenmal sein*, eine Stätte der Erinnerung. Man kann nur Respekt haben: Dieser Mann hat das Äußerste dessen getan, was für Jesus überhaupt noch zu tun war.
Man wird auch die *Treue der Frauen* zu würdigen haben. Auch sie nahmen ein Risiko auf sich, als sie ihm den letzten Liebesdienst erweisen wollten. Man mag sich freilich wundern, daß ihnen der Stein so spät einfiel, der ihnen doch im Weg sein mußte. Aber es wäre abwegig, das nur auf weibliche Unüberlegtheit zurückzuführen (meine Zuhörerinnen mögen verzeihen). Offenbar steht jener gutgemeinten und tapferen Verehrung des toten Jesus, wie wir sie bei Joseph und den Frauen sehen, etwas *Unerklärliches* im Weg, das sie auf jeden Fall stört und grundsätzlich unmöglich macht. Dabei ist es gleichgültig, ob der Stein das Grab verschließt oder freigibt – ob er vor der Tür steht oder weggeschleudert ist. *So, wie es sonst bei Toten angebracht sein mag, kann man mit dem gekreuzigten Jesus offenbar nicht umgehen.* Er erträgt weder ein Grabdenkmal, noch erträgt er, daß man ihn konserviert. Wo man ihn verehren will als einen, der einmal war, kann es nur heißen: *»Er ist nicht hier«*. Da wird er umsonst gesucht.

II. Versteht man die Geschichte so, nämlich als die Geschichte des gesprengten Grabes, dann fängt sie an, durchsichtig zu werden wie ein *Transparent*. Man beginnt zu ahnen, daß Markus mit der Geschichte jener guten und tapferen Leute den Christen seiner Zeit ihre eigene Geschichte erzählen wollte. Und man fragt sich: Sollte hier auch uns, der heutigen Christenheit, die eigene Geschichte erzählt werden? Sollten wir die sein, die das für den toten Jesus noch Mögliche tun – und eben damit etwas Unmögliches tun, das nicht gelingen kann? In aller Schärfe gefragt: *Ist das, was wir für Jesus tun, in Wahrheit eine Art Leichenbegängnis, ein Begräbnis?*

Heute feiern wir Ostern in dieser altehrwürdigen Kirche mit ihren Bildern und Statuen. Ist das nicht ein bißchen die Atmosphäre einer *Grabkammer* oder, wenn man lieber will, eines Mausoleums, wohin man mit ernsten Gesichtern kommt, wo Lärm und Lachen des lauten Tages zu schweigen haben. Hier singen wir: »Christ ist erstanden von der Marter alle«, und wir sprechen: »Ich glaube an Jesus Christus, . . . gekreuzigt, gestorben und begraben, am dritten Tage auferstanden von den Toten«, um das *Gedächtnis Jesu wachzuhalten* und ihn nicht ganz in Vergessenheit geraten zu lassen. Sollten unsere Kirchen und die Gottesdienste, die wir drin halten, so etwas sein wie ein *Denk- und Ehrenmal Jesu,* der einstmals große Dinge tat und dessen Nachwirkungen in der Geschichte nicht zu bestreiten sind? Haben wir ähnliches im Sinn wie jene Frauen, die die Leiche Jesu *konservieren* wollten, daß sie haltbarer sei? Viele Jesusbücher, die geschrieben worden sind und geschrieben werden, scheinen eben diesen Zweck zu haben: zu rekonstruieren, wie er einmal war. Weil auch die so präparierten Jesusbilder veralten, muß man den Versuch immer wieder machen. Mich erinnert das an das *Mausoleum Lenins* am Roten Platz in Moskau, an dem jeden Vormittag lange Menschenschlangen vorbeidefilieren; am Nachmittag kommen die Restaurateure, um hinter verschlossenen Türen die Mumie, die sonst verfiele, wieder aufzubereiten und auf Glanz zu bringen.

Wie, wenn sich das, was wir im – angeblichen – Interesse Jesu tun, nicht völlig unterschiede von dem, was dort geschieht? Man muß sich ja wenigstens einmal fragen, ob nicht viele Gottesdienste nicht doch *Erinnerungsfeiern sind an einen, der einmal war;* es wird heute so viel und so oft in der *Vergangenheitsform* von ihm gesprochen: *Er war . . .* ein großes Vorbild, ein Mensch für andere, ein Revolutionär. Aber das *Seltsame* ist: ein Jesus, wie er *war,* ist nicht aufzufinden. Entweder stellt man fest – wie jetzt R. Augstein: Er hat überhaupt nichts bedeutet, oder man setzt – heimlich oder offen – andere Vorbilder an seine Stelle, je nach Laune und Geschmack Sokrates oder Franz von Assissi oder Lenin oder Martin Luther King, hinter denen Jesus dann verschwindet. Man muß wenigstens einmal fragen dürfen: Wird die Kirche – auch die Institution, die sich Kirche nennt – nicht verstanden als ein *Denkmal Jesu,* das ihn in sich enthält wie ein Grab, in dem er geschützt ist durch Lehre und Bekenntnis? Nur ist es wieder das *Seltsame:* Wenn man die Kirchen so versteht, stellen sie sich heraus als *leere Gräber Jesu, als leere Hülsen, aus denen es herausschreit: »Er ist nicht hier!«* Menschen können Jesus nicht einmauern und nicht schützen, sowenig wie Joseph von Arimathia das konnte. Menschen können dem toten Jesus schon gar nicht zum Leben, aber auch nicht einmal zum geistigen Weiterleben verhelfen, sowenig wie die Frauen ihn konservieren konnten. Auch die Gescheitesten und Besten können Jesus nicht einfangen, mit keinem noch so richtigen Bekenntnis, mit keiner noch so guten Predigt. Alle Gräber, die wir für Jesus errichten, sind eben von vornherein, ehe wir's wissen und merken, *schon gesprengte und geborstene Gräber*. Jeder Gottesdienst, der Grabesluft atmet, ist eine schon überholte, schon vergangene Sache.

Dieses Überholte zu tun liegt offenbar sehr nahe. Markus hat schon die Kirche seiner Tage gezeichnet als eine, die um das Grab Jesu bemüht war. Dieses deprimierende Bild ist sogar das letzte Wort seines Evangeliums, das ursprünglich hier schloß. Was in unsern Bibeln, in Klammer gesetzt, noch kommt, ist späterer Zusatz, der sich mit diesem letzten Wort nicht abfinden wollte. Man hat schon damals nicht mehr verstanden: Es ist in Wahrheit eine sehr *fröhliche Behauptung*, daß die ganze Totengräberei, daß der Totenkult mit Jesus und eine Denkmalspflege für Jesus eine unmögliche Sache ist. Der Grund, warum das unmöglich ist, ist nicht menschliches Unvermögen oder menschliche Torheit; mit den Gestalten des Joseph und der Frauen wird ja bester Wille, wird Treue und Tapferkeit zugestanden. Der wahre Grund wird genannt mit dem Wort des Engels: »*Er ist auferstanden!*« – darum ist er nicht hier.

III. Wenn es nun gilt, das zu predigen, dann werden wir uns hüten, das zu tun, was Markus aus guten Gründen unterlassen hat: den unmöglichen Versuch nämlich, hier irgend etwas beweisen zu wollen. Wir werden auch niemandem nahelegen, an die Tatsache zu glauben, daß Jesus damals auferstanden ist; wenn es darum ginge, daß damals einer auferstanden ist – damit wäre niemandem geholfen. Es ist überhaupt nicht möglich, an die Auferstehung Jesu zu glauben, denn glauben kann man nicht an Tatsachen oder sonst irgend etwas, nur an Jesus selbst – an ihn, den Lebendigen. Darum ginge es, daß wir zum Glauben an ihn selber kämen, zum Glauben an den Auferstandenen, nicht an seine Auferstehung.

In der Geschichte, die wir hörten, ist von ihm *nicht in der Vergangenheitsform, sondern in der Form der Zukunft* die Rede. Die Frauen hören den Engel sagen: »Geht hin und sagt seinen Jüngern: Er *wird* vor euch hingehen nach Galiläa; dort *werdet* ihr ihn sehen, wie er euch gesagt hat.« Er ist also nicht hinter uns, weshalb man nicht auf ihn zurückblicken kann als auf einen, der einmal war. Vielmehr hat er uns überholt und ist uns *voraus*, weshalb man nur nach vorn blickend hinter ihm hergehen kann. Weil er uns *voraus* ist, darum haben wir ihn nicht in und bei uns – auch nicht die Kirchen und nicht die Christen –, daß wir ihn konservieren und dann sehen lassen könnten. Weil er uns *voraus* ist, können wir nur ihm nachgehen auf seinem Weg. Vielleicht kann an diesem

W. <u>Fürst</u>, Das gesprengte Grab

<u>Grundidee</u>: S. 12 Mitte

<u>Gegensatz</u>: a) wir versuchen Jesus <u>hinter</u> uns zu bringen

b) <u>Ostern</u> sagt: er <u>wird</u> vor euch hingehen nach Galiläa

Nachgehen anderen Menschen deutlich werden – nicht, was die Christen für besondere Leute sind, sondern – wer der Herr ist, der sie auf diesen Weg bringt. Hier wird wichtig, was wir anfangs angedeutet haben: *Der Gekreuzigte ist der Auferstandene*, der Gekreuzigte ist uns *voraus* und ruft uns auf seinen Weg. Er ist uns darum *voraus*, weil seine Lebenshingabe sich durchgesetzt hat gegenüber Haß und Angst der Menschen. Seine Liebe war unwiderstehlich, indem sie dem Bösen nicht widerstand; man konnte ihn totschlagen, aber nicht seine Liebe. Sie ist bis heute – nein bis zum Jüngsten Tag die stärkste Macht, der keine Brutalität gewachsen ist. Von ihr lebt die Welt, von ihr leben wir alle. Jesus auf seinem Weg nachgehen, das heißt: daß man diese seine lebendige Liebe (das Lebendigste, das es gibt!) im eigenen Leben bekundet. Daß wir als die von Jesus bis in den Tod Geliebten den andern Menschen ringsumher ein klein wenig deutlich machen, wie er liebt. Man nehme hier den Mund nicht zu voll! Wir können nicht die Liebe Jesu weitergeben oder verwirklichen, wir können ihr nur *ganz von ferne entsprechen*, indem wir der Macht seiner Liebe ein bißchen mehr zutrauen als der Macht des Hasses und der Selbstbehauptung. Vielleicht beginnt es nur damit, daß wir anfangen zu zweifeln daran, daß die Mächte des Bösen so mächtig sind und das letzte Wort haben. Wer diesen Weg geht, wird alle Hände voll zu tun bekommen. Aber die Seele dieses Tuns, ohne die es leerer Betrieb wäre, ist die gewisse Erwartung, daß Jesus uns *voraus ist und voraus geht. Er* ist es, der die Lieblosigkeit besiegt. Wenn *wir* das zu leisten hätten, dann wäre alles von vornherein verloren.

Dieser Weg steht unter seinem eigenen Versprechen: *»Ihr werdet ihn sehen, wie er euch gesagt hat.«* Es gilt denen, die sich auf den Weg machen; nur der Weg führt zum Ziel. Wer es mit ihm wagt, dem wird Jesus sich zu erkennen geben. Er wird ihn die Erfahrung machen lassen, daß er den Menschen nicht an der Nase herumführt. Es wird zwar auch hier nicht ohne Enttäuschungen abgehen, aber in allen Enttäuschungen wird es Überwindungen und Siege geben, die uns der Macht des Auferstandenen gewiß machen. Und bei diesem Sehen gehen uns die Augen auf, erkennen wir erst wirklich die Unmöglichkeit jedes Totenkultes, den man mit Jesus treibt: so werden wir davon geheilt, daß wir sein Grab pflegen und seinen Leichnam konservieren. Es müßte dann auch in unsere Kirchen und Gottesdienste eine frische Luft kommen und die Grabesluft vertreiben. Jedenfalls: weil jeder andere Umgang mit Jesus unmöglich ist und sich immer als unmöglich herausstellt, bleibt uns nichts übrig, als uns an seine Verheißung zu halten: *»Ihr werdet mich sehen«*. In diesem Wort ist er uns nahe. In diesem Sinn stimmt das Wort eines bekannten Theologen unserer Zeit: Jesus ist in das Wort seiner Verheißung hinein auferstanden.

Klauß Stüwe

Über die Grenzen

Ich möchte Sie am heutigen Ostermorgen einladen, sich wie die Frauen in unserer Geschichte auf den Weg zum Grabe Jesu zu machen. Wir treffen die drei unterwegs, um dem so tragisch Verstorbenen einen letzten Liebesdienst zu erweisen.

Welche Gedanken mögen die Frauen bewegt haben?

Warum mußte er sterben? Hätte er nicht der Auseinandersetzung mit den Hohenpriestern aus dem Weg gehen können? Was wird jetzt aus uns ohne den Meister? – Wir werden uns wohl abfinden müssen und versuchen, mit dem Verlust zu leben.

Verzweiflung, Niedergeschlagenheit, Trauer – das wird die Stimmung auf diesem letzten Weg gewesen sein. Die Frauen sind von einer Lebenshaltung erfaßt, die im Bannkreis des Todes ganz normal ist.

Ich meine, auch wir leben im Bannkreis des Todes. Auch wir sind unterwegs zum Grab. Sicher nicht in wörtlicher Übereinstimmung mit unserem Text, aber doch in gleicher Haltung.

Wie oft zweifeln wir daran, ob das Leben, wie wir es führen, wirklich einen Sinn hat! Immer wieder ertappen wir uns dabei, daß wir sagen: Es hat ja alles doch keinen Zweck. Mit uns ist nichts mehr los. Niemand will etwas von uns, und wir merken, wie uns die Kräfte verlassen.

Diese Haltung nennt sich oft Realismus, Wirklichkeitsnähe. Sie spiegelt aber meist nur die Wirklichkeit des Todes wider: Erstarrung, Isolierung, Hoffnungslosigkeit, Angst.

Wir selber glauben nicht so recht an eine Änderung:

Für unsere Gemeinden: Sind sie wirklich von überschäumendem Leben, von unwiderstehlicher Hoffnung erfüllt, oder geht in ihnen nicht vielmehr der Geist des Kleinmuts, des Absterbens, der Resignation um?

Oder die Familien: Sind sie die verwirklichte Liebe und ein Abbild gegenseitiger Annahme, oder sind sie nicht viel öfter nur Einrichtungen, um Kinder großzuziehen und Spannungen unter den Ehepartnern auszutauschen?

Oder das Berufsleben: Ist es das Feld der Zusammenarbeit, der Bestätigung und persönlichen Erfüllung, als das es oft angepriesen wird, oder nicht doch eine Last, die man widerwillig trägt, um den Lebensunterhalt nicht zu gefährden?

Die weitverbreitete Äußerung: »Wir können ja sowieso nichts machen!« ist ein

deutliches Anzeichen dafür, daß wir uns innerhalb des Bannkreises des Todes bewegen. Wir folgen dem toten Jesus nach, aber wir bewegen uns so auf diesem Weg, daß wir die Entdeckung des leeren Grabes vermeiden.
Die Frauen in unserer Geschichte entdeckten es und reagierten auf diese Entdeckung mit Entsetzen: Wie ist so etwas möglich? Seit wann sind Tote nach drei Tagen nicht mehr in ihrem Grab? Das kann doch nicht wahr sein!
Ganz ähnlich könnte es uns gehen, wenn wir die Entdeckung machen, daß die Gräber leer sind, auf die wir uns zu bewegen.
Was soll man tun, wenn man merkt, daß die Moral, in der man selbst aufgewachsen ist, nicht mehr gilt? Kann man anders als entsetzt reagieren auf die Erkenntnis, daß die Forderung nach Pflichterfüllung und Unterordnung, wie man sie gewohnt war, nichts mehr wert sein soll?
Die Frauen am Grab Jesu bekommen auf ihre unausgesprochenen Fragen eine Antwort. Ihnen begegnet der Bote Gottes und sagt: Erschreckt nicht, ihr sucht Jesus von Nazareth, den Gekreuzigten; er ist auferweckt worden, er ist nicht hier.
Das ist doch keine Antwort, sind wir spontan versucht zu sagen. Was heißt: »Ist nicht mehr hier?« Wieso auferweckt? Seit wann ist denn der Tod nichts Endgültiges mehr? Die Frauen reagieren wie wir.
Auch für uns ist der Tod etwas, an dem kein Zweifel erlaubt ist. An seiner Verläßlichkeit darf nicht gerüttelt werden. Hier geraten Zuverlässigkeiten ins Wanken, hier scheint plötzlich möglich, was alle bisher für unmöglich gehalten haben: Die Macht des Todes ist nicht mehr absolut. Sie hat an einer entscheidenden Stelle eine Einbuße erlitten.
Ein Mensch – Jesus von Nazareth – ist als »Erstling unter den Gestorbenen« aus dem Bannkreis des Todes herausgerufen worden.
Mit diesem Ereignis hat die Herrschaft Gottes in der Welt ihren Anfang genommen.
Wenn aber Jesus den Bannkreis des Todes durchbrochen hat, dann ist auch für uns eine scheinbar unüberwindliche Grenze überschritten: die Grenze, die der Tod um unser Leben gezogen hat.
Das gilt erst einmal für unseren leiblichen Tod. Er bleibt bedrohlich und furchterregend, aber wir können ihn mit der Hoffnung erwarten, daß Gott ihm das Feld nicht allein überläßt.
Das gilt aber nicht minder für unseren täglichen, kleinen, unscheinbaren Tod.
Durch Ostern ist das Geflecht zerrissen, das unser Leben umgibt und abtötet: dieses Geflecht aus Mutlosigkeit und Verzweiflung, aus Schwäche und Hoffnungslosigkeit, aus Mißtrauen und Unsicherheit. Ich möchte noch einmal an

den drei Feldern vom Beginn andeuten, was Ostern, was Auferweckung Jesu für uns konkret bedeuten kann: Grundlegend scheint mir dies zu sein. Es gibt nach Ostern keinen Grund mehr, keine Hoffnung zu haben. Wenn es möglich ist, daß Gott Jesus vom Tod auferweckt, dann ist es auch möglich, daß wir immer wieder zu neuem Leben erweckt werden.

Ostern könnte in unseren Gemeinden bedeuten, daß wir wieder zu dem Vertrauen finden, daß ein christliches Leben heute als Weg für den einzelnen und als Beitrag zum Gespräch mit anderen Gruppen der Gesellschaft sinnvoll und fruchtbar ist. Es könnte uns wieder gelingen, aus christlicher Freiheit und christlicher Liebe Wege zu einem besseren Leben zu finden und zu gehen.

In unseren Familien könnte Ostern bewirken, daß wir zur Hoffnung zurückfinden. Zur Hoffnung auf Verständigungsmöglichkeiten zwischen Mann und Frau, zwischen Eltern und Kindern. Der Glaube an die Auferweckung Jesu gibt uns die Kraft, nicht mehr zu sagen: »Das hat ja keinen Sinn mehr, daraus wird nie wieder etwas.«

Und für den Beruf, für den einzelnen: Ostern könnte die Angst vor der Macht der Verhältnisse überwinden. Wenn die Änderung möglich ist, daß ein Toter der Macht des Todes entrinnt, dann gibt es keinen Ort, keine Situation – im Leben und im Beruf – mehr, in der man mit Überzeugung sagen könnte: Das ist unmöglich. Der ändert sich nie mehr. Diese Anforderungen werden nie geringer. Und: Das schaffe ich nie. Der Ostermorgen und die Entdeckung der Frauen, daß Jesus von Nazareth nicht mehr in seinem Grab lag, das sind einmalige geschichtliche Ereignisse. An diesem leeren Grab waren nur die drei Frauen aus unserer Geschichte.

Nichts spricht aber dagegen, daß wir die gleiche Entdeckung machen. Hier und heute, in unserem Alltag, im Verhältnis zu uns selbst und zu anderen Menschen stellt sich heraus, daß das Grab leer ist: Der Bannkreis des Todes ist durchbrochen, und neues Leben kommt in Gang.

Die Erfahrung, die damals mit der Entdeckung des leeren Grabes begann, ist heute noch lange nicht zu Ende.

Der Ostermorgen liegt weit zurück. Seine Wirkung: Durchbruch durch den Bannkreis des Todes, begründete Hoffnung auf neues Leben dauert an.

Ostern Lukas 24,13–35

Christian Zippert Jesus bleibt im Gespräch

». . . nun soll mir nicht mehr grauen vor allem, was mir will entnehmen meinen Mut . . .« – leicht gesagt und rasch gesungen! Ob aber das Herz mithalten kann? Wahrscheinlich nicht bei jedem von uns; mir nichts, dir nichts vermutlich bei keinem. Wir haben alle unsere Last – mit uns selbst, mit den anderen, mit der Welt, mit dem Leben und mit dem Sterben.

Vor einiger Zeit bekam ich einen bewegenden Gruß mit der Unterschrift: »ein gescheiterter Vater«. Ich weiß nicht, wie viele Väter und auch Mütter sich darin wiederfinden können . . . Und damit wir nicht nur an unsere privaten Belastungen denken: In seinem anregenden Buch »Jesus für Atheisten« fragt der Tscheche Machoveč, »ob jene Botschaft des Propheten aus Nazareth, die er einst seinen ersten Schülern am galiläischen See vortrug, die dann eine phantastische Entwicklung erlebte durch das Wirken der Philosophen und Künstler, durch das Streben frommer und gottloser Menschen, nicht doch – im Hinblick auf so viel Unmenschlichkeit und so viel Grauen gerade in dem Teil der Welt, in dem sie zweitausend Jahre lang verkündet wurde – bis zur Verzweiflung vergeblich war . . .« (S. 249). Wem ist im Gedanken an solche Äußerungen nach »Jauchzen« zumute? Der Kalender, der gute Wille, auch die große Kunst allein tut's freilich nicht. Was kann uns helfen?

Die Geschichte von zwei Jüngern, die nach Emmaus wandern, verweist uns auf das Gespräch. Die beiden sind verzweifelt, jedenfalls resigniert: »Wir hofften . . .«, sagen sie. Ihre Hoffnung ist seit drei Tagen begraben. Aber sie reden noch über ihn, von dem sie hofften, »er sei es, der Israel erlösen würde«. Sie können es nicht lassen. Nutzloses Reden, so scheint es – nutzlos wie unser Reden über Sorgen, Enttäuschungen, Befürchtungen, Schuldgefühle, Probleme. »Immer wieder dasselbe. Es hilft ja doch nichts. Sie können mir auch nicht helfen. Laß gut sein, es hat ja doch keinen Sinn, da ist nichts zu ändern« und so fort.

Genau dieses Reden ist in der Geschichte, die wir bedenken, die Voraussetzung für die Wende: Ein Dritter kann sich einmischen. Wer ist es? Wir sollten nicht meinen, diese Frage sei schon beantwortet. Daß es Jesus war, der Gestorbene, der wieder lebt, der Vergangene, der gegenwärtig wird, stellt sich erst später heraus. Zunächst einmal ist es irgend jemand, der zum Sprechen bringt, der zuhören kann und der dann das richtige Wort findet. Solche Menschen sind selten, ganz gewiß, aber es gibt sie, und kaum einem ist nie ein Mensch dieser Art begegnet. Was können sie tun gegen Verzweiflung und Resignation? Das Leiden annehmen, das Scheitern annehmen, auch das Sterben annehmen – darum geht es oft in Gesprächen, die uns weiterhelfen. Es sind keineswegs immer Gespräche, in denen die Heilige Schrift zu Wort kommt. Aber wo lernt man eigentlich besser, Leiden, Scheitern und Sterben annehmen; trotz Leiden, Scheitern und Sterben an der Hoffnung festhalten als in den Psalmen, bei den Propheten, bei Paulus oder Johannes? In diesem Sinne hätte der Gottesdienst, wenn er etwas von einem Gespräch hat, eine besonders wichtige Aufgabe.

Aber wie viele Gespräche, wie viele Gottesdienste sind spurlos, jedenfalls ohne nachhaltige Wirkung an uns vorübergegangen? In einigen wenigen ist es vielleicht anders gewesen. Da war unter den vielen Wörtern ein Wort, das geholfen hat, Verzweiflung zu überwinden und neue Hoffnung zu wecken. Worte, die das vermögen, sind Gottes Worte. Sie erweisen – ob sie das wollen oder nicht; ob sie das ausdrücklich sagen oder nicht – den vergangenen Jesus als gegenwärtig, den gekreuzigten als von den Toten auferstanden. Die Emmausgeschichte macht uns Mut, heute und morgen mit solchen Worten zu rechnen.

Sie zeigt freilich auch, daß Geduld nötig ist: Das Gespräch braucht Zeit, um ans Ziel zu kommen – einen ganzen Weg lang und noch länger. Die beiden, von denen da erzählt wird, bitten den unbekannten Dritten am Abend: »Bleibe bei uns!«, und er bleibt. Erst dann kommt es zum Durchbruch. – Merkwürdigerweise spielen Worte dann keine entscheidende Rolle mehr. Ihre Augen, bis dahin »gehalten«, werden »geöffnet«, und sie erkennen ihn, als er das Brot bricht. Eine ganz alltägliche Geste bringt die Wende von der Verzweiflung zu neuer Hoffnung. Wie sollen wir das verstehen? Worauf werden wir hier verwiesen? Die Antwort ist, wenn wir unsere Probleme mit dem Abendmahl einen Augenblick zurückstellen, rasch gefunden.

Wir wissen es aus dem Alltag der Liebe: Es gibt kein Glück ohne Worte. »Ich hab dich lieb« – das will immer wieder ausgesprochen oder doch angedeutet werden, nicht nur zwischen Mann und Frau. Und doch bewährt sich Glück erst recht im wortlosen Einvernehmen, in unscheinbaren Gesten des Verstehens, des Verzeihens, des Ermutigens und Füreinander-Daseins. Deshalb ist es keine Willkür, kein historischer Zufall, daß Jesus alles, was er sagen und sein will, im Zeichen des gebrochenen und in der Tischrunde ausgeteilten Brotes zusammenfaßt. Und es ist auch kein Zufall, daß den beiden Jüngern in Emmaus über dem Brotbrechen die Augen aufgehen.

Wir werden also wahrhaftig auf das Abendmahl verwiesen, aber zugleich damit auf all jene unscheinbaren Gesten der Liebe, mit denen uns Menschen begegnen. Natürlich gibt es auch hier, nicht nur bei den Worten, entsetzlich viel Hohles, zu bloßer Förmlichkeit Erstarrtes, im Alltag und auch am Sonntag. Aber so wie unter den vielen Wörtern immer wieder das eine Wort auf uns wartet, so wartet unter den vielen Zeichen immer wieder das eine Zeichen, das uns Verzweiflung überwinden und neue Hoffnung schöpfen hilft. Zeichen, die das vermögen, sind Gottes Zeichen, oder sagen wir ruhig, einen krankhaft verengten Begriff erweiternd: sind Sakramente. Sie erweisen noch einmal anders als Worte: einfacher, ganzheitlicher, elementarer, daß der Gekreuzigte auferstanden, der Vergangene jetzt gegenwärtig ist. Die Emmausgeschichte will uns aufmerksam machen, damit wir sie wahrnehmen und ernst nehmen.

So oder so, durch Wort oder Zeichen oder durch beides in untrennbarer Verbindung kommt der Auferstandene uns nur im erfüllten Augenblick nahe. Er läßt sich nicht halten, nicht objektivieren, nicht manipulieren, wie wir heute sagen würden. Die beiden in Emmaus erkennen ihn, und er verschwindet »vor ihnen«. Einen Augenblick lang »sehen« sie, daß ihre Hoffnung begründet ist, daß es keinen Grund zur Verzweiflung gibt. Einen kurzen Augenblick lang, aber dieser Augenblick genügt ihnen, um den Weg der Resignation und der Verzweiflung zu verlassen. Sie kehren um nach Jerusalem, um den anderen Jüngern Anteil an ihrer Freude zu geben.

Und – wieder kommen uns eigene Erfahrungen zu Hilfe – geteilte Freude wird doppelte Freude. Hoffnung steckt an, nicht nur Verzweiflung. Und von Hoffnung getragene Gemeinschaft macht handlungsfähig, bringt in Bewegung. Die eben noch ihrer eigenen Verzweiflung Hingegebenen können sich den Zweifeln und der Verzweiflung anderer zuwenden. Die beiden aus Emmaus finden sich eingereiht in die Schar derer, die als »Zeugen« Jesu Menschen zur »Umkehr« helfen, zur Umkehr aus Resignation und Verzweiflung zur Freude. Etwas davon kann auch wahr werden für die einzelnen unter uns, die meinen, sie seien gescheitert – in der Ehe, an den Kindern, an dieser oder jener Aufgabe. Etwas davon kann auch wahr werden für unseren Teil der Welt, in dem die Botschaft Jesu scheinbar oder tatsächlich »bis zur Verzweiflung vergeblich« war. Oft vermögen doch gerade die Menschen, die Zweifel und Verzweiflung kennengelernt haben, Zweifelnden und Verzweifelten zu helfen. Der Apostel Paulus hat das seinen Gemeinden immer wieder an seiner eigenen Person klarzumachen versucht. »Laß dir an meiner Gnade genügen«, hat er den Auferstandenen sagen hören, »meine Kraft ist in den Schwachen mächtig.« Und er fährt fort: »Darum will ich mich am allerliebsten meiner Schwachheit rühmen, auf daß die Kraft Christi bei mir wohne. Darum bin ich guten Mutes in Schwachheit, in Mißhandlungen, in Nöten, in Verfolgungen, in Ängsten, um Christi willen; denn wenn ich schwach bin, dann bin ich stark« (2.Kor.12,9–10).

Wenn wir hier singen: »Auf, auf, mein Herz, mit Freuden«, wenn wir jetzt gesungen hören: »Jauchzet Gott in allen Landen«, dann soll das in und trotz allen Belastungen geschehen. Es kann in und trotz allen Belastungen geschehen, weil – mit Paulus gesprochen – »die Kraft Christi bei uns wohnt«, weil der Auferstandene uns nahekommt im Wort und im Zeichen. »Der Friede Gottes, der höher ist als alle Vernunft, bewahre unsere Herzen und Sinne in Christus Jesus.«

Dieter Nestle — Wenn Jesus einem aufgeht

Sollten wir nicht neidisch werden, wenn wir die Osterlieder unseres Gesangbuchs hören und singen? So unmittelbar drückt sich in Worten und Weisen die Freude aus, daß selbst wir noch davon angesteckt werden.
Das Fest der Auferstehung Jesu von den Toten ist das Geburtsfest des Glaubens. Mit diesem Fest ist in unseren Gemeinden ein Unglück geschehen: Für unzählige Zeitgenossen ist die Auferstehung Jesu Christi von den Toten zu einem *Problem* geworden. Aber die Auferstehung Jesu ist kein Problem, weder für das Denken noch für den Glauben. Es gibt Probleme in unserem persönlichen und in unserem öffentlichen Leben; es gibt Probleme des Denkens und des Glaubens, aber die Auferstehung Jesu gehört nicht dazu. Ein Frühlingsmorgen, wie er uns heute beschert ist, das Lächeln eines Kindes sind keine Probleme. Und ebensowenig ist die Auferstehung Jesu ein Problem. Was ist sie denn? Ein Ereignis; ein Geschehen, das noch gar nicht zu Ende ist. Daß die Christenheit den Sonntag als ihren Feiertag feiert, das hat seinen Grund doch wohl darin, daß am ersten Sonntag nach dem Todestag Jesu dies geschah:

Der Herr ist wahrhaftig auferstanden
und dem Simon erschienen.

Auch Paulus, der älteste Zeuge im Neuen Testament, sagt, daß Simon Petrus der erste gewesen sei, der einer Erscheinung Jesu gewürdigt worden sei (1. Korinther 15,1).

I.

Von diesem Ereignis spricht unser Satz mit zwei Worten: »auferstehen« und »erscheinen«. Das zweite Wort versucht, das Ereignis zu beschreiben. Das erste Wort versucht, es zu deuten. Achten wir zuerst auf das zweite: »Er ist dem Simon (d. h. Petrus) erschienen.« Er ist dem Simon erschienen, den Zwölfen, Maria Magdalena, Paulus. Sollte er nicht auch uns erscheinen wollen? Erscheinen, aufscheinen, aufleuchten, aufgehen – aufgehen, das ist's. So, wie wir alle dies Wort in unserer täglichen Sprache gebrauchen. Einer brütet über einer Mathematikaufgabe. Er kommt und kommt nicht auf die Lösung. Keine Anstrengung und kein Kaffee helfen; da plötzlich, da durchfährt es ihn, die Lösung geht ihm auf. Denken wir an beglückende Augenblicke in unserem Leben! Sind es nicht oft solche, in denen uns etwas aufgegangen ist? Hundertmal sahen wir dieses Stück Wiese mit dem Wald dahinter, aber einmal ging es uns auf: »Wie schön ist das!« Hundertmal haben wir's vielleicht gesungen, bis es uns im Aufgehen packt, was Paul Gerhardt singt:

Er wird uns bringen zu den Scharen
der Erwählten und Getreuen,
die hier im Frieden abgefahren,
sich auch nun im Frieden freuen,
da sie den Grund, der nicht kann brechen,
den ewgen Mund selbst hören sprechen:
gib dich zufrieden! (EKG 295)

So kann uns auch ein Mensch aufgehen. Dies kann sehr schmerzlich sein. Wenn ein Auge für immer starr geworden, ein Mund für immer verstummt ist, dann erst merken manche, was sie aneinander hatten, was sie aneinander hätten haben können. Mögen wir die Liebe unseres Nächsten zur rechten Zeit erkennen! So erzählt Peter Rosegger in der »Waldheimat«, wie dem Jungen der harte, unzugängliche Mann, den er bis dahin allein als seinen Vater gekannt hatte, als der *liebende* Vater aufging.

Oder im Neuen Testament: In der Nacht, da Er verraten ward – Petrus sitzt im Hof des Hohenpriesters beim Feuer der Knechte. Drüben auf der Treppe steht Jesus, gebunden, mit den Polizisten. Mit einemmal fällt der ungewisse Schein des flackernden Feuers auf Petri Gesicht. »Da, der gehört auch dazu!« – »Ich kenne den Menschen nicht«. Und, so schreibt Lukas (22,61): »Da wandte Jesus sich und sah Petrus an«. Unter diesem Blick der Liebe bricht Petrus zusammen: Er erkennt die Treue Jesu. Erschütternd hat es dann Bach in Töne gefaßt: »Und ging hinaus und weinte bitterlich«.

Dies, liebe Freunde, daß uns etwas oder jemand aufgeht, dies bleibt uns völlig entzogen; dies hatte kein Mensch je in der Hand, und keiner wird es je in seiner Macht haben. Vielleicht läßt es sich verhindern, erzwingen läßt es sich niemals. Dies hat auch Jesus nicht in der Hand. Es bleibt des Vaters Tat:

Und er erschien dem Simon Petrus.

Jesus ging dem Petrus auf – überwältigend, schön, leuchtend – keiner kann es beschreiben; und das Neue Testament versucht auch gar nicht, die Erschütterung dieses Ereignisses in Worte zu fassen. Es ist für uns genug, daß Petrus von nun an von Jesus als unserem lieben Herrn reden *mußte*; daß er lieber selber sich ans Kreuz schlagen läßt, als damit aufzuhören, sich dankend zu Jesus zu bekennen.

Wo immer das Neue Testament etwas andeutet davon, wie Jesus einem Menschen aufgegangen ist, da geschieht es zart, zurückhaltend, innig und keusch.

Ich kenne keinen, der dies tiefer erfaßt hätte als Heinrich Schütz in seiner Historia der Auferstehung Jesu Christi. Die Worte sind eigentlich schon zu grob, um auf jenes Innigste hinhorchen zu lassen, was da in der Musik hörbar wird: Maria Magdalena im Garten des Grabes, den toten Jesus suchend. Und Jesus begegnet ihr. Und sie weiß nicht, daß es Jesus ist. Sie hält ihn für den Gärtner. Und dann zwei Worte: »Maria« – »Rabbuni«. Zwei Worte, in denen die beiden ganz Liebe *sind*. Hätte der Augenblick dieses Ereignisses länger gedauert, so wäre Maria vergangen in der unsäglichen Erschütterung dieser Liebe.
Was den Zeugen aufging, als Jesus ihnen aufging, das sagt das Neue Testament. Und darum ist es – nicht in jedem Wort, aber in seinem Wesen – Wort der Offenbarung. Die Zeugen sagen: O Jesus – du hast uns ja nicht verraten, du hast uns geliebt – bis ans Ende. O Jesus, nicht Pilatus, du hast gesiegt. O Jesus, der Vater hat dich nicht preisgegeben, sondern hat dich uns gesandt und geschenkt. – So unbeschreiblich jenes Ereignis ist, so klar und deutlich haben die Menschen sagen können, was ihnen aufging. Ihr Wort, das Wort der Kirche, brachte Jesus selbst zu den Menschen, zu uns, so daß auch unser Herz erschüttert, bewegt, verwandelt, erfüllt und entflammt wird. Jedes Herz auf seine Weise – wie damals. Aber jedes Herz von ein und demselben Jesus, dem Gehorsamen und Liebenden.

II.

Jesus, so dürfen wir also sagen, ist dem Petrus aufgegangen als der Gehorsame, Liebende, vom Vater Gesandte. Dies meint das Wort »erscheinen«. Aber nun versucht Petrus in seiner Sprache zu sagen, was das eigentlich bedeutet. Er stammelt: Dies – dies ist das Letzte, dies ist *Auferstehung* der Toten.
Diesen Ausdruck hatte Petrus sozusagen in der Schule im Religionsunterricht gelernt. Man hatte ihm gesagt: einmal wird Gott die furchtbaren Rätsel der Geschichte und des persönlichen Lebens lösen. Einmal wird er sich unwidersprechlich als der Gerechte erweisen, als der Heilige, der sich die Sünde nicht gefallen läßt, der auf seinem Wort besteht. Dies Letzte nannten die Juden »Auferstehung der Toten«; Auferstehung zum Gericht, wohlgemerkt! Da findet alle Flucht vor dem Heiligen, alle Verstellung, alle Heuchelei, alles Leugnen und alle Verachtung Gottes im unentrinnbaren Gegenüber des Heiligen ihr Ende. Und jeder ernsthafte Mensch in Israel wußte, daß vor dem Angesicht des Heiligen keiner bestehen kann. Und jeder ernsthafte Mensch heute weiß dies auch; dies, daß er mit seinem Leben im Grunde nicht bestehen kann.
Wenn es eine Rettung geben soll, dann kann es nur die sein, daß Er selber den vor ihm zunichte gewordenen Menschen neu schafft nach seinem Bilde. Das

Wort »auferstanden von den Toten« will also sagen: Da, als mir Jesus aufging, da begegnete ich dem Letzten. Das Letzte hat angefangen. Anders, als wir dachten. Denn ich bin zunichte geworden im Aufgehen des gehorsamen und liebenden Jesus und bin zum Leben begnadigt im Aufgehen desselben gehorsamen und liebenden Jesus.
Zu was für einem Leben sind wir begnadigt? Antwort: zum sakramentalen Leben. Zu jenem Leben, das in der Feier des heiligen Abendmahles anschaulich und mehr als anschaulich werden will. Da, wo wir das Abendmahl feiern, da kann keiner Jesus für sich allein haben, da kann keiner die Gnade Gottes auf sich allein beziehen. Da können wir Jesus nicht anders haben als zusammen mit dem Nächsten rechts und links von uns, als den Jesus, der sich den vielen austeilt und gibt. Das sakramentale Leben, zu dem wir begnadigt sind, ist jenes Leben, in dem einer dem andern den liebenden Jesus von Herzen gönnt; in dem wir an den Gott glauben, der der gnädige Gott des andern ist.
Und Jesu Leib? Wir brauchen keine nebelhaften Ausdrücke von pneumatischer Leiblichkeit. Das Grab ist nicht die rechte Stätte des Leibes Jesu. Der wahre Ort des wahren Leibes Jesu Christi ist der, wo der liebende Jesus in Liebe ausgeteilt und empfangen wird, so, daß wir miteinander dem Vater für seinen Jesus danken und ihn über ihm loben mit der ganzen Gemeinde, mit den Engeln, mit der ganzen Schöpfung und allen ihren Kräften.

Rainer Röhricht

Die dritte Kraft

1. Uns ist der auferstandene Christus nicht erschienen. Wir haben ihn nicht in einer Morgenstunde am Ufer gesehen. Eine Wundergeschichte, die vor 2000 Jahren passiert sein soll – was geht sie uns an? Und nun kommen auch noch die Gelehrten und behaupten, daß diese Erzählung vielleicht eine Legende sei und daß man gar nicht genau wüßte, was damals eigentlich geschehen ist.
Aber – Gott sei Dank – die Predigt ist ja keine Märchenstunde, in der uns erzählt wird, was sich vielleicht einmal in grauer Vorzeit zugetragen hat. Im Gegenteil, das Johannesevangelium will uns in großen, eindrücklichen, kräftigen Bildern berichten, was *heute* mit uns Christen geschieht. Und die Ostergeschichte, die wir eben gehört haben, zeigt uns deutlich und anschaulich, worin sich Christen von vielen anderen Menschen unterscheiden.
Und dieser Unterscheidungspunkt ist nur ein einziger: Christen sind Menschen, die Jesus vertrauen und die deshalb mit den Kräften der unsichtbaren Welt rechnen. Mit den Kräften der unsichtbaren Welt!
Christen sind also nicht besser und anständiger als andere Menschen. Sie sind auch nicht immer klüger und weitblickender. Sie sind auch nicht immer ruhiger, heiterer und gütiger als andere, obwohl sie das eigentlich sein sollten.
Nur ein einziges zeichnet sie vor anderen aus: Sie vertrauen der unsichtbaren Welt, der Welt Gottes und seinen unendlichen, befreienden Möglichkeiten.
Wenn sie morgens aufstehen, erwarten sie nicht nur ihre Arbeit, sondern Gottes Kraft. Wenn sie die Zeitung lesen, entdecken sie dort nicht nur Unglück und Glück, Zufall und Leistung, Krieg oder Verständigung, sondern Gottes unsichtbares, geheimnisvolles, aber kräftiges Werk. Wenn sie sich schlafen legen, erwarten sie nicht nur die Nacht, sondern den, der niemals schläft. Und selbst wenn sie sterben, fürchten sie nicht die Vernichtung, sondern hoffen auf eine unbegreifliche Herrlichkeit.
Wer vom auferstandenen Christus nichts wissen will, der sieht in der Welt nur zweierlei Kräfte wirksam: unsere Arbeit und unsere Leistung auf der einen Seite und die unabänderlichen, unbarmherzigen Naturgesetze – man kann sie auch den Zufall nennen – auf der anderen Seite. Er kann seine Hoffnung nur auf menschliche Arbeit und auf den natürlichen Gang der Dinge setzen.
Der Christ aber glaubt einer *dritten* Kraft, die in unserer Arbeit, in unseren Erlebnissen und im Gang der Dinge geheimnisvoll verborgen und gegenwärtig

ist: die Kraft der unsichtbaren Welt, die Kraft der ewigen Güte. Christen vertrauen auf Hilfe, wo für unsere Augen Hilfe unmöglich scheint; sie sind nicht einsam, auch wo sie ganz allein sind; sie lieben Menschen, die nicht liebenswert erscheinen; sie setzen auf Veränderung dieser leidvollen Welt voller Unfreiheit; und sie sind des Lebens gewiß, wo sie nur den Tod vor Augen haben. Sie sehen dort ein Licht anbrechen und aufgehen, wo die Vernunft nur Dunkelheit sieht.

Sie leben so, als ob das Licht stärker wäre als die Dunkelheit; als ob die Freude stärker wäre als die Angst; als ob die Freiheit stärker wäre als die Bedrückung; als ob das Leben stärker sei als die Krankheit und der Tod.

Und doch können sie das alles gar nicht beweisen. Sie vertrauen ohne Beweise auf die Auferstehung Jesu, und das heißt doch: auf den Durchbruch der unsichtbaren Welt mitten in unserer sichtbaren Alltagswelt mit ihren Grenzen, ihrer Angst, ihrem Mißerfolg und ihrem Sterben.

Sie sind – wie die Jünger dort am Seeufer – Menschen zwischen Nacht und Tag, zwischen der Finsternis, die uns einengt, und dem Licht, das uns weit macht; zwischen dunkler Resignation und heller Freude und Hoffnung. Sie sind Menschen des Morgengrauens. Unser Text führt uns diese Jünger vor Augen. Wir wollen sehen, ob wir uns in ihnen wiedererkennen.

2. Petrus sagt zu seinen Kameraden: Ich will fischen gehen! Und sie antworten: Dann gehen wir mit dir! Die Jünger haben ja den Schrecken über die Kreuzigung ihres Herren noch nicht verwunden: alle ihre Hoffnungen und Sehnsüchte waren bei dieser Hinrichtung zusammengestürzt. Eigentlich lohnte es sich gar nicht mehr zu leben, wenn man den Jesus, der die Menschen und die Welt total verändern wollte, so einfach umbringen und beseitigen konnte. Aber sie resignieren trotzdem nicht. Sie träumen sich nicht in eine religiöse Hinterwelt. Sie ziehen nicht in die Wüste, um dort zu beten. Sie gründen auch keine Kirche, um sich dort an Jesus ungestört erinnern zu können.

Sie tun etwas anderes: Sie krempeln die Ärmel auf und *arbeiten*. Sie haben begriffen, daß auch Jünger Jesu in dieser Welt leben und deshalb in dieser Welt etwas Praktisches tun müssen.

Es gibt ja auch heute in der Christenheit Gruppen von Menschen, die da meinen, Arbeiten sei wichtiger als Beten. Man solle lieber etwas für die Hungernden tun, als neue Kirchen bauen. Menschenwürdige Verhältnisse für die Unterdrückten zu schaffen sei besser als predigen. Man sagt etwa, die Mühe, verwahrloste Jugend von der Straße zu holen, sei lohnender als die Bemühung um eine neue Liturgie.

All diese Stimmen haben nicht unrecht. Es läßt sich ja nicht leugnen, daß die Christen viel zuwenig tun, um bessere soziale Verhältnisse in der Welt zu schaffen; daß sie oft genug nur beten, wo sie durch Arbeit, durch Protest, durch Zupacken etwas ändern könnten. Es ist ja richtig, daß das Wort »Gott« nicht zur Ausflucht für unsere soziale und politische Resignation werden darf. Es ist wahr, daß Christen niemals zu denen gehören dürfen, die alles beim alten lassen möchten; denn das Alte ist oft das Böse und immer das Unzulängliche. Und es ist auch in der Ordnung, daß diese Christen, denen die Arbeit wichtiger ist als die Religion, in unserer Kirche ungehindert reden und wirken dürfen.
Und doch muß man nun einen Einwand machen: Dieser Appell zur Arbeit für eine Welt ohne Hunger und Unterdrückung ist keine Besonderheit der Jünger Jesu. Er sollte für alle Menschen selbstverständlich sein. Auch wer nur die sichtbare Welt kennt, kann und darf sich ihm nicht entziehen. Man braucht nicht an die Auferstehung zu glauben, um Diktaturen, Rassenhaß und Rassentrennung, soziale Ungleichheit und Sexualprüderie zu verabscheuen und die Freiheit zu lieben.
Natürlich dürfen die Christen keinesfalls in dieser Sache hinter den Nicht-Christen zurückstehen. Sie dürfen nicht konservativer und weniger revolutionär sein als die anderen. Sie sollten für die soziale Veränderung das gleiche oder noch mehr und Besseres tun als Marxisten, Humanisten und Atheisten.
Aber ihre Eigenart, ihr Besonderes liegt nicht auf moralischem Gebiet. Ihre Eigenart liegt vielmehr darin, daß sie in der Freude und im Licht der unsichtbaren Welt existieren.

3. Bei den Jüngern steht Jesus am Ufer. Aber sie wußten nicht, daß es Jesus war. Ihnen ist Jesus, diese Verkörperung der unsichtbaren Welt, gegenwärtig, und sie merken es nicht einmal. Und als es ihnen schließlich aufgeht, bleibt ihre Erfahrung im geheimnisvollen Zwielicht des Morgengrauens. Es ist ihnen nicht sonnenklar, daß er da ist.
Trotzdem sind sie gewiß, daß er es ist, der sie begleitet. Sie möchten ihn wohl fragen: Bist du es wirklich? Und doch stellen sie die Frage nicht, weil sie im Kern ihrer Seele wissen, daß er da ist, auch wenn man ihn nicht eindeutig erkennen kann.
Der irdische Jesus vor der Kreuzigung, der den Kranken half und für die Armen und Verachteten eintrat, der war eindeutig erkennbar. Aber seine Kräfte waren begrenzt, und er mußte sterben, wie wir alle es müssen.
Doch der neue Jesus, der den Tod hinter sich hat, der Auferstandene, ist nicht eindeutig erkennbar. Aber er ist unbezwinglich, er hat keine Grenzen, er ist un-

widerstehlich und dem Tode überlegen. Die Dunkelheit seines Schicksals ist von unsichtbarem Licht durchdrungen. Nun verbürgt er in unserer Dunkelheit und Begrenztheit die Gegenwart und Kraft der unsichtbaren Welt des Lichtes.

Wir heutigen Christen begegnen keinen Erscheinungen am Seeufer. Aber die Kraft der unsichtbaren Welt können wir sehr wohl wahrnehmen. Und erst das ist es, was uns zu Christen macht; daß wir an irgendeiner Stelle in unserem Leben oder unserer Umwelt erstaunt zweifelnd oder auch zutiefst überzeugt sagen können: Da ist der Herr! Da ist ewige Kraft!

Wir erwarten diese Kraft – ich muß das noch einmal sagen! – nicht neben oder hinter dieser Welt. Wir träumen uns nicht in ein Jenseits, weil wir dieser Welt hier überdrüssig sind. Nein, wir finden die Auferstehung und den Auferstandenen, der die ewige Welt verkörpert, mitten in unserem Alltag, in unserer Arbeit, in unseren Erfolgen und Mißerfolgen, in unserem Kummer und unserer Liebe und sogar im Tode.

Es ist, als ob diese harte, undurchdringliche Welt, in der wir Tag für Tag mühsam Stein für Stein wegräumen, um einen gangbaren Weg zu finden – als ob diese Welt plötzlich durchsichtig wird, so daß wir nun ein grenzenloses Licht und eine unabsehbare Freiheit entdecken. Es ist, als ob wir plötzlich – durch alle Alltagsgeräusche hindurch – den unendlichen Gottesstrom rauschen hören, der das innerste, verborgene Geheimnis der Welt ist und der alle Anstrengungen und alles Leiden, das Glück und die Traurigkeit der großen Erfüllung zuträgt.

Ein Christ ist ein Mensch, dem Christus – die unsichtbare Welt, die der Mensch Jesus verkörpert – in allen Dingen und Menschen begegnen kann. Da ist z. B. im Beruf oder in der Nachbarschaft ein Mensch, den wir nicht sonderlich mögen, der aber unsere Hilfe und unsere Zeit braucht. Christus ist in diesem Menschen. Wir können ihn dort finden oder allein lassen. Da ist ein lebenswichtiger Brief, den wir empfangen oder schreiben müssen. Christus ist in dem Brief. Da ist eine Aufgabe, vor der wir uns fürchten und die doch getan werden muß. Christus ist in der Aufgabe. Da ist eine einsame Nacht, in der wir quälenden Grübeleien überlassen sind. Christus ist in der Nacht. Da ist ein Feind, der uns Böses tut und der doch bei genauerem Zusehen eine verkrampfte, elende Kreatur ist. Christus ist in dem Feind gegenwärtig. Da sind Pläne und Parteien, die die Kirche und die Gesellschaft revolutionieren sollen. Uns ist vielleicht davor bange, weil wir dort auch viel Ungutes und Undiszipliniertes finden. Und trotzdem ist Christus bei diesen Parteien und Plänen und will, daß wir ihn gerade dort nicht verlassen. Da ist der Gesang eines Vogels im Morgenlicht, der unsere Schwermut vielleicht ein wenig ermuntert. Christus kann auch in diesem Lied sein. Oder wir sind krank, und ein Arzt macht uns gesund. Dann ist Christus

im Arzt. Und zuletzt: ein Mensch, den wir liebhaben, ist krank und muß nun unweigerlich sterben. Dann ist Christus, der den Tod kennt, mitten im Tode, und der Sterbende ist nicht verloren.
Ein Jünger, ein Christ ist derjenige, der den unbezwingbaren, unsichtbaren, unsterblichen Christus in allen Dingen und Menschen erwartet, auch wenn er voller Zweifel wartet und ihn nicht leicht erkennt. Ein Christ glaubt nicht, daß es mit den Naturkräften und unseren Willenskräften getan ist. Er glaubt an ewige, unerschöpfliche Kraft für jeden, auch für den schmerzlichsten Augenblick.

4. Da spricht Jesus zu den Jüngern: Kinder, habt ihr nichts zu essen? Wir Erwachsenen lassen uns heute nicht mehr gern als Kinder anreden. Die Zeiten sind vorbei, wo ein Fürst leutselig auf seine Landeskinder herabsehen konnte. Wir fühlen uns mündig und reif genug, unsere Entscheidungen selbst zu fällen und uns von niemandem bevormunden zu lassen. Und das ist gut so! Möge die Zeit bald kommen, wo kein Erwachsener einen anderen mehr bevormunden darf und muß! In dieser sichtbaren Welt sind wir alle Herren. Und das Wort »Untertan« sollte aus unserem Sprachschatz verschwinden. Aber vor der Stimme aus der unsichtbaren Welt sind und bleiben wir »Kinder«. Und auch das ist gut so. Nicht daß wir kindisch wie Kinder wären. Aber wir sind bedürftig wie Kinder. Wir können uns ein erfülltes Leben, ein Leben ohne Rest und Klage, nicht selber schaffen; und wir können eine vollkommene Welt ohne Leid und Elend nicht erzwingen.
Wir können zwar ein wenig Liebe üben in dem kleinen Aktionsradius, der unserer Tätigkeit gegeben ist. Und wehe uns, wenn wir das nicht tun! Aber wir können die Liebe nicht vollkommen und überall durchsetzen. Und wenn ein Mensch uns wegstirbt, stehen wir mit unserer Liebe hilflos dabei. Darum sagt die Stimme aus der unsichtbaren Welt zu uns: Kinder! Das heißt: Ihr könnt nicht allein zurechtkommen, aber ihr braucht es auch nicht. Ihr sollt arbeiten und euch mühen für euch und für andere bis an die Grenzen eurer Kräfte. Aber um den Erfolg und die Erfüllung braucht ihr euch nicht zu sorgen. Denn der kleine Gang eures Lebens und der große Lauf der Weltgeschichte ist von dem Strom der ewigen Welt getragen. Gottes unsichtbares, geheimnisvolles Leben ist wirksam, wo ihr etwas schafft und auch wo ihr versagt, wo ihr euch freut und wo ihr traurig seid, in Krankheit und Gesundheit, in der Kraft der Jugend und in der Mühsal und Einsamkeit des Alters. Ihr lebt in einer geheimen Geborgenheit, auch wenn ihr noch so allein seid. Ihr dürft in der unsichtbaren Welt *Kinder* bleiben, auch wenn es in der sichtbaren nötig und doch oft schrecklich anstrengend ist, erwachsen zu sein und nicht in kindische, infantile Haltungen

zurückzuflüchten. Ihr dürft der ewigen Stimme, die euch Christus und seine Jünger vermitteln, Dinge klagen, die ihr vor allen Menschen verschweigen müßt. Und ihr dürft euch mit dieser Stimme freuen, wo ihr vor Menschen keine Worte findet.

Denn die unsichtbare Kraft, die der auferstandene Christus verkörpert, ist nicht namenlos und gestaltlos, sie ist nicht unmenschlich und gleichgültig wie eine Naturkraft. Sie ist vielmehr in ihrem innersten Wesen Liebe, Wärme und Fürsorge. Christen glauben daran, daß der innerste Sinn dieser wirren, undurchsichtigen und blutigen Weltgeschichte Liebe und Fürsorge ist, und zwar eine unendliche, unbezwingbare Liebe und Fürsorge, die über unsere endlichen Kräfte weit hinausgeht.

Als letztes Fazit dieser Welt, am Ende aller Dinge, selbst in Tod und Untergang, lebt die unzerstörbare Stimme, die alle ruft: Kinder! – die Mündigen und die Unmündigen, die Klugen und die Dummen, die Großartigen und die Kümmerlichen, die Starken und die Schwachen, die Fröhlichen und die Traurigen – die Stimme, die verspricht, allen Hunger zu stillen und alles Leid zu vernichten. Und wenn wir den Hunger der anderen stillen und ihr Leid bekämpfen, so heißt das nur, daß wir dieses grenzenlose Versprechen ernst nehmen.

5. Die Jünger warfen die Netze aus und machten sich an die Arbeit. Und Petrus sprang ins Wasser, dem Auferstandenen, der Stimme entgegen. – Wozu braucht man die ewige, unsichtbare Welt? Wozu braucht man den Auferstandenen? Es ist sinnlos, so zu fragen. Wer dem Neuen Testament, wer der unsichtbaren Welt, die dort bezeugt wird, glaubt, der fragt nicht: Wozu? Die Frage ist so sinnlos, wie wenn man einen Liebenden fragte, wozu brauchst du deine Geliebte? – oder eine Mutter: Wozu brauchst du dein Kind? – oder ein Kind: Wozu brauchst du deine Mutter? Für den, der glaubt, ist die unsichtbare Welt, die man nicht beweisen kann, sein Lebenselement, Luft und Licht, Glück und Not, Zweifel und Gewißheit, aber auf jeden Fall der Grund, auf dem er steht und den er nicht wegdenken kann. Sie ist sein Leben. Und auch beim Leben gibt es keine Antwort auf die Frage: Wozu leben wir?

Aber dieser Glaube hat trotzdem Folgen, die sich beschreiben lassen. Er gibt Mut, weil wir nicht mehr allein auf unsere engen Fähigkeiten zu vertrauen brauchen. Er aktiviert zur Arbeit, weil diese Arbeit nun einem sicheren, unzerstörbaren Ziel entgegenläuft. Die Jünger hatten mit ihrem Fischzug Erfolg. Sie sagten dabei nicht fatalistisch: Das ist eben Zufall, wir haben diesmal Glück gehabt. Sie sagten auch nicht selbstbewußt und stolz: Unsere Arbeit hat den Erfolg verdient. Sie sagten vielmehr erstaunt, befreit, glückselig und dankbar:

Es ist der Herr! Und wenn sie keinen Erfolg gehabt hätten, wenn sie auch diesmal nichts gefangen hätten? Hätte ihr Glaube an die unsichtbaren Kräfte aus der Welt des Auferstandenen damit zerbrechen müssen? Vermutlich nicht. Denn der Auferstandene ist auch dem Mißerfolg gegenwärtig und sorgt dafür, daß er nicht zur Vernichtung und Verzweiflung führt. Am Ufer lag eine Mahlzeit für sie bereit. Sie wären nicht verkommen. Dieser Christus war ja auch gegenwärtig, als sein Jünger Petrus später gekreuzigt und sein Jünger Paulus enthauptet wurden. Die unsichtbare Welt nahm sie auf und gab ihre Arbeit in andere Hände. Wer dieser Welt vertraut, legt die Hände nicht in den Schoß. Doch er arbeitet mit Gelassenheit, ohne revolutionären Krampf und ohne konservative Verstocktheit. Ob er nun an der alten Stelle die Netze auswirft oder temperamentvoll zu neuen Ufern aufbricht, er ist gewiß, daß seine Arbeit sinnvoll ist, selbst wenn sie zu mißlingen scheint: auch was ihm aus den Händen gleitet, fangen unsichtbare Kräfte auf.
So ist die Grundstimmung des Glaubens Freude und Zuversicht. Auch in Unbehagen, Müdigkeit und Zweifel – und welcher Christ kennt solche Stimmungen nicht? – sind ihm Freude und Zuversicht geheimnisvoll verborgen; sie können jederzeit wieder zu Tage kommen.

6. Schließlich kommt Jesus, nimmt das Brot, gibt es den Jüngern, ebenso auch die Fische. – Die Gegenwart des Auferstandenen, der unsichtbaren Welt, führt zur gemeinsamen Mahlzeit. Der Evangelist deutet hier wahrscheinlich symbolisch aufs Abendmahl der Christen hin. In der gemeinsamen Mahlzeit kommen sich Menschen so nahe wie sonst selten in Arbeit und Beruf. Und erst in solcher Gemeinschaft springt der Funke der Gewißheit des Unsichtbaren von einem zum anderen über und wird zu einem wärmenden, leuchtenden Feuer. Mönchische Einsamkeit als Dauerexistenz ist keine Lebensform für Christen. Sie brauchen die Gemeinsamkeit, wenn ihr Feuer ausstrahlen soll. In der Einsamkeit wohnen die Dämonen des Zweifels und der Angst. In der Gemeinschaft wächst die Liebe. Nur in ihr können Christen leuchten, wärmen und ausstrahlen in eine dunkle Welt hinein. Beim gemeinsamen Mahl wußten die Jünger plötzlich mit Gewißheit – erst jetzt wußten sie es wirklich –, daß es der Herr war, der unvergängliche Christus, der ihrem Leben neuen Sinn gibt. Und eben diese Gewißheit, die nach außen ausstrahlt wie ein Feuer, ist auch für uns heute der Sinn des Abendmahls. Es kommt nicht auf den liturgischen Rahmen dieses Mahles an. Es ist gleichgültig, ob es an einem Seeufer, in einer Zweizimmerwohnung oder in einer Kirche gefeiert wird. Es ist auch gleichgültig, ob es lutherisch oder reformiert oder gar katholisch gefeiert wird. Wichtig ist nur, daß in dieser

Gemeinschaft Freude entsteht, Gewißheit unsichtbarer Kräfte, Gewißheit der ewigen Welt, Gewißheit Christi. Und denselben Sinn hat die Gemeinschaft der Kirche in allen ihren Gestalten. Ob es in der Kirche Pfarrer gibt, Bischöfe oder Synoden, Kirchengebäude und Kirchensteuern – oder ob es all dies nicht gibt, das ist zweitrangig. Wichtig ist nur, daß da Menschen zusammen sind, die in der Kraft Christi des ewigen Lichtes gewiß sind und dieses Licht für andere, denen es dunkel ist, in Wort und Tat leuchten lassen.

7. Unsere Ostergeschichte spielt im Morgengrauen, im Zwielicht. Sie ist damit Gleichnis und Bild für das Christenleben. Wir haben Nacht und Not, Elend und Angst, Mißlingen und Sterben noch nicht hinter uns. Die einen sagen, es ist das Zwielicht des Abends: vor uns allen steht nur Tod und Vernichtung, die Nacht, wo niemand mehr wirken kann. Das sind die Pessimisten. Und die anderen sagen: es wird Tag, und wir selbst, wir allein führen ihn herauf und schaffen Licht für die Welt. Das sind die Optimisten. Christen aber sind weder Optimisten noch Pessimisten. Sie überschätzen ihre Möglichkeiten nicht; aber sie resignieren auch nicht. Sie kennen die Macht der Finsternis und kennen die Furcht vor ihr. Sie arbeiten trotzdem dem Tag entgegen. Denn sie vertrauen dem unsichtbaren Gott und dem Christus, der für ihn bürgt. Dieses unsichtbare Licht ist stark, stärker als die Nacht in uns und um uns. Die Tageshelle wird sich durchsetzen, das ist uns gewiß.
Daß wir in allen Dingen und Menschen das ewige, unvergängliche Licht erkennen lernen, dazu helfe uns Gott.

Heinrich Ott

Die neue Perspektive

Ich möchte an diesem Osterfest reden über die Auferstehung der Toten. Es ist mir dabei durchaus klar, daß dies heutzutage bei vielen Menschen, auch bei vielen Christen, kein sehr populäres Thema ist. Man redet und hört vielerorts sehr viel lieber von Christentum und Gesellschaft, von der sozialen Verantwortung der Kirche. Vielen Menschen von heute – und zwar durchaus auch Christen – erscheint die biblische Botschaft von der Auferstehung der Toten als überholt, unglaubwürdig, unrealistisch und für das menschliche Zusammenleben unnütz: ein bloßer – freilich uralter – Wunschtraum derjenigen, die sich vor dem Tode fürchten.

Ich möchte nicht bestreiten, daß es viele Menschen gegeben hat und gibt, welche sehr mutig leben und sterben, welche gefaßt und ohne Klagen dem Tod entgegengehen, ohne daß sie selber die geringste Hoffnung auf irgendein Jenseits nach dem Tode haben. Ich möchte auch durchaus anerkennen, daß es heute viele ernsthafte Christen, auch Theologen, gibt, welche sich für die Botschaft Jesu von der Nächstenliebe, von der Verantwortung für den Nächsten und für eine wahre Sinnerfüllung des menschlichen Lebens aufrichtig engagieren, dabei aber jeden Ausblick auf eine Existenz über den Tod hinaus entschieden und aus Gründen der Redlichkeit ablehnen.

Nun gehört aber das Thema der Auferstehung der Toten eben einmal zum christlichen Osterfest, zur christlichen Osterbotschaft, und zwar seit eh und je. Man kann sich um diese Frage nicht gut drücken – es wäre nicht aufrichtig. Und wenn mir einer jetzt entgegenhalten wollte: »Auch du gehörst also zu diesen Illusionisten! Darum glaubst du die alten religiösen Märchen noch. Du hast wahrscheinlich im Innersten selber Angst vor dem Tode und wagst es dir nicht einzugestehen. Darum klammerst du dich an diese völlig unbewiesene Hoffnung – an diesen Wunschtraum der Menschheit, der wirklich nicht mehr als ein Wunschtraum ist« – so müßte ich ihm antworten: »Nun denn, und wenn ich Angst vor dem Tode hätte und wenn ich mir das auch ganz offen eingestünde, so kann ich doch als Theologe nicht anders: ich *muß* von dieser Sache reden. Denn sie gehört zum Christentum, seit Jahrhunderten, von allem Anfang. Das ganze Bild des Christentums wäre nicht mehr, was es ist, ohne die Auferstehungshoffnung.«

Und zwar gehört, liebe Mitchristen, dies zum Christentum nicht nur am Rande wie eine Nebensache, auf die man zur Not auch verzichten kann (so wie man z. B. auf die Vorstellung von Englein mit Flügeln verzichten kann und muß), sondern durchaus als eine Hauptsache. Gewiß, man könnte jetzt darüber argumentieren. Was ich gesagt habe, ist meine Überzeugung, ist das, was ich mich heute zu sagen gedrängt fühle. Auch der Apostel Paulus argumentiert, und zwar in einer sehr pointierten Weise. Wenn aufrichtige Christen heute erklären, es gelte in *diesem* Leben nach dem Gebot Jesu zu leben und darüber jedes Jenseits dieses Lebens zu vergessen, so argumentiert Paulus – wie euch vielleicht aufgefallen ist – präzis umgekehrt: Unser Glaube ist nichtig, ist leer, ist sinn- und nutzlos, wenn es eine Auferstehung der Toten nicht gibt, wenn also auch Christus nicht auferstanden ist. »Hoffen wir allein in *diesem* Leben auf Christus, so sind wir die beklagenswertesten unter allen Menschen . . .«

Es ist ein eigentliches theologisches Argument, das Paulus hier durchführt. Und ihr habt es vielleicht beim Zuhören gemerkt, wie er sich an dieser Stelle, bei diesem Punkt geradezu ereifert, so wie wir uns gelegentlich in Diskussionen zu ereifern pflegen, hauptsächlich dann, wenn wir unserer Sache absolut sicher zu sein glauben. »Euer Glaube, Eure Hoffnung, Euer ganzes christliches Leben ist nichts, ist nichts wert, hat keine Substanz, wenn die Toten nicht auferstehen. Dann hat alles überhaupt keinen Sinn, und wir vergessen Jesus lieber. Und die, die im Glauben an ihn entschlafen sind, sind auch verloren: sie haben ihre Sache auf nichts gestellt, und so war auch das Nichts ihr Lohn. Es war alles umsonst. Und diejenigen, die sagen: ›Lasset uns essen und trinken, denn morgen sind wir tot‹, haben dann wenigstens ihr Teil gehabt in dieser betrüblichen Welt, wohingegen die Gläubigen die reinen Illusionisten sind, einem Trugbild nachjagen und insofern wirklich zu den beklagenswertesten Menschen gehören . . .«

So ereifert sich der Apostel. Aber wir sind jetzt natürlich vor die Frage gestellt, ob wir ihm recht geben wollen. Oder ist sein Argument zu primitiv? – Ich kann hier nur sagen, daß ich mich ganz entschieden auf die Seite des Paulus stellen möchte. Seine Überlegung scheint mir ganz zwingend zu sein: Wenn ich nur gerade in diesem Leben auf Christus hoffe, an ihn glaube, mich an ihn halte, und nachher ist alles aus – worauf habe ich dann eigentlich gehofft? Woran habe ich geglaubt? An was habe ich mich gehalten? – Wenn ich sage: »Die Nachfolge Christi (der Glaube an Christus) gibt meinem Leben Sinn«, und dann wird dieses Leben gänzlich zu nichts – wo bleibt dann der Sinn? Ist er dann nicht wie eine Seifenblase, die bald zerplatzt . . .? Müßte der Sinn unseres Lebens – *wenn* es einen solchen Sinn gibt – nicht mehr sein als eine bloße schöne Seifenblase, die wir uns denken und die alsbald zerplatzt, sobald unser Gehirn zu funktionieren aufhört ...?

Weil diese Annahme so unsinnig erscheint, möchte ich Paulus recht geben, wenn er schließlich einfach beteuert: »Nun aber *ist* Christus auferstanden von den Toten und hat einen Neuanfang gemacht unter den Entschlafenen ...« – Auffällig ist, daß Paulus in diesem Kapitel, welches von Ostern, von der Auferstehung Jesu Christi handelt, in Wirklichkeit von der Auferstehung nicht nur eines Toten – Jesus –, sondern *aller* Toten spricht. Ostern bedeutet einen »Neuanfang«, der für alle gilt. Man spricht darum heute in der Theologie etwa auch von der »kosmischen Bedeutung« der Auferstehung Christi: Sie hat Tragweite für den ganzen Kosmos.

Die Ostergeschichte von den Emmausjüngern, die wir gelesen haben, hört sich zunächst wie eine gleichsam auf Goldgrund gemalte, liebliche Heiligenlegende an. Aber wenn wir noch genauer hingehorcht haben, dann haben wir vielleicht noch einen anderen Grundton vernommen: den Grundton des großen Erschreckens und Erstaunens, als die Jünger plötzlich erkannten, daß es der Herr war. Es ist das Erschrecken und Erstaunen vor dem Ungeheuren – vor dem ungeheuren Neuanfang, welcher für alle und alles gesetzt ist.

»Nun aber *ist* Christus auferstanden von den Toten«, schreibt Paulus, »und hat einen Neuanfang gemacht (Luther übersetzt: Er ist ein ›Erstling‹ geworden) unter den Entschlafenen.« Ostern, die Auferweckung unseres Herrn Jesu Christi vom Tod, bedeutet nichts anderes als den ungeheuren Neuanfang für alle Menschen, für die ganze Welt, ja auch für die bereits Entschlafenen. Sie sind nicht einfach vergangen und gewesen, sondern durch Ostern wird die Vergangenheit gewissermaßen wieder zum Leben erweckt. Die Vergangenheit erhält eine neue Zukunft. So wie wir alle, die wir einst vergangen sein werden, durch Ostern eine neue Zukunft haben.

Ostern ist, mit einem Bild gesagt, das in diese Welt der Vergänglichkeit wie in unser persönliches tägliches Vergehen einflutende Licht der absoluten Zukunft Gottes. Darum können wir angesichts dieses Neuanfangs eigentlich gar nicht mehr vom Tod reden, ohne sogleich auch an die Auferstehung der Toten und an das ewige Leben zu denken und auch davon zu reden.

Tod und wahres Leben durchdringen sich: »Der Tod ist verschlungen in den Sieg ...«, schreibt Paulus im gleichen 15. Kapitel des ersten Korintherbriefes. Tod und wahres Leben sind ineinandergeschoben, ineinander verschlungen – und zwar so, daß das Leben den Sieg behält.

Mit alledem, liebe Mitchristen, ist noch gar nichts bewiesen hinsichtlich des uralten Menschheitstraumes von der Unsterblichkeit. Es gibt auch nichts zu beweisen. Mag sich der Apostel noch so sehr ereifern und noch so sehr darauf insistieren, daß hier der entscheidende Punkt sei, ohne den alles andere überhaupt keinen Sinn hat. Und mag uns sein hartes und scharfes Argument noch so sehr einleuchten: daß es keinen Wert hat, nur in diesem Leben, nur in diesen paar Jahren, in denen wir hier atmen, auf Christus zu hoffen – und daß diese unsere Hoffnung, dieser unser Glaube, an den wir unser Herz hängen, total desavouiert würde, wenn der Inhalt der Hoffnung nicht über den Tod hinausgriffe. Es ist nichts bewiesen. Es ist auch nichts zu beweisen. Aber etwas anderes: Paulus zeigt uns mit seinem Argument, ja, das ganze Neue Testament zeigt uns mit seiner Osterbotschaft einen Weg. Sie eröffnen uns eine neue Perspektive. Sie, der Apostel Paulus und das ganze Neue Testament, zeigen uns: So könnt ihr leben! Ihr könnt leben wie Menschen, für die Tod und wahres Leben ineinander verschlungen sind. Ihr könnt leben wie Menschen, für die die Sinngebung ihres Daseins im Tod keine letzte Grenze findet. Ihr könnt leben wie Menschen, für die die Entschlafenen nicht einfach vergangen sind und das Gedenken an sie nicht bloß pietätvolle und sentimentale Erinnerung ist, sondern ein Gefühl bleibender Gegenwart.

Ihr könnt leben wie Menschen, welche sprechen: »Was immer passieren mag, ich bin nicht gewillt, die große Hoffnung aufzugeben, weder für die Welt noch für die Gesellschaft, noch für mich selbst, noch für irgendeinen Menschen. Und ich glaube, daß ich zu solcher Entschlossenheit Grund habe. Denn bei mir ist etwas, das ist größer als ich, und das nenne ich ›Gott‹. Und zu Gott rede ich und bespreche mit Ihm mein Leben und alle Dinge – und Gott antwortet mir, eben *durch* die Art, wie mein Leben abläuft. So glaube ich, daß Gott die absolute Zukunft meines Lebens und jedes Lebens ist. Das macht: Ich kann die Hoffnung für mich und alle Menschen nicht mehr aufgeben.«

Diesen Weg zeigt uns Paulus, zeigt uns das ganze Neue Testament. Und nun müßte uns diese Osterhoffnung eigentlich erfüllen. Und man müßte ein wenig davon spüren: Im innersten Hohlraum dieser Menschen wohnt die große Hoffnung, die Hoffnung, welche nie aufgibt. Und daran würde man erkennen: »Aha! dieser ist ein Christ! Er glaubt an die Auferstehung Jesu Christi.«

Daß wir damit in gewisse Schwierigkeiten geraten, ist klar. Wir werden bei manchen Leuten immer noch dem Vorwurf ausgesetzt sein: »Ihr habt Angst vor dem Tod. Darum glaubt ihr an ein Jenseits.« – Für mein Teil will ich diesen Vorwurf gelassen tragen.

In einem berühmten Gebet des Kirchenvaters Augustin heißt es: »Du hast uns zu Dir hin geschaffen, und unser Herz ist unruhig, bis es ruhet in Dir.« Gott hat uns zu Ihm hin geschaffen, damit wir Ihn suchen. Dazu hat Er die Sehnsucht und die Unruhe in unser Herz gesenkt. Und vielleicht hat Er uns auch die Todesangst dazu ins Herz gesenkt, daß wir Ihn als die wahre Hoffnung suchen und finden.

Eine andere Schwierigkeit wiegt aber vielleicht noch weit schwerer: Wenn wir von einer »Auferstehung der Toten« reden, so rühren wir damit ans Unsagbare und Unvorstellbare. Es ist klar, daß die alten Auferstehungsbilder von den Totengerippen, die aus den Gräbern wieder aufstehen, nicht in dieser naiv-anschaulichen Form zu übernehmen sind. Wir haben die Hoffnung, für uns, für andere, für die bereits Entschlafenen – aber diese Hoffnung gaukelt uns kein Bild vor. Wenn wir uns etwas vorstellen wollen, etwa eine ewige Lichtfülle oder dergleichen, so verlieren wir uns ins Nichts. Wir stehen hier im vorstellungslosen, anschauungslosen Raum, und mit dieser Anschauungslosigkeit, mit diesem »Nichts« aller Vorstellungen müssen wir ausharren. Damit müssen wir – oder dürfen wir – uns begnügen. Wir *dürfen* uns damit begnügen – denn gerade dies ist das Tröstliche: daß das Geheimnis unsagbar und unvorstellbar *bleibt*.

Die Toten auferstehen. Die Toten sind. Sie sind bei Gott. Wir werden sein. Wir werden bei Gott sein. Mehr als das brauchen wir nicht zu wissen. Jegliches »Mehr« wäre nur Neugier. Aber dieser eine Gedanke gibt unserem Leben Richtung und Inhalt.

Ich möchte behaupten: Dieser Gedanke, obschon er in Unvorstellbarkeit ausmündet, ist ungeheuer praktisch, konkret, »existentiell«. Er hat einen prägenden Einfluß auf unser praktisches Leben.

Was wir tun können, ist dies: *reden* mit Gott – mit dem Gott, in dem unsere Entschlafenen sind und in dem auch wir sein werden. Das ist es, was wir jetzt tun wollen.

Hans-Werner Bartsch — Der Erstling der Entschlafenen

Wenn wir heute das Wort »Auferstehung« hören oder aussprechen, so verbinden wir damit wie selbstverständlich die Vorstellung, daß ein Leichnam wieder lebendig wird – einerlei, ob wir diese Vorstellung für uns oder für andere als möglich ansehen oder ob wir sie als vergangen und überholt verwerfen. Aus dieser Festlegung des Wortes auf den ganz bestimmten konkreten Inhalt folgt für viele nicht nur ein unüberbrückbarer Abstand zur ersten Christenheit, sondern auch zu gläubigen Christen – vielleicht sogar zur Kirche –, weil diese eine solche Vorstellung als historische Wirklichkeit wenigstens für den Jesus von Nazareth annehmen. Ein Toter wird wieder lebendig! Dieser Gedanke scheint es grundsätzlich zu sein, der für die einen unmöglich ist, für die anderen in Jesus Christus konkrete Wirklichkeit wurde. Und daran scheiden sich die Geister.

Nun zeigt sich für dieses Dilemma eine moderne Lösung, die Theologen anbieten und die auch von manchen Vertretern der Kirche gern aufgegriffen wird, um den Bruch zu überwinden, der so viele Glieder der Kirche in die Entfremdung treibt. Es ging den ersten Christen und es geht für Christen heute allein darum, daß die Sache Jesu, seine Verkündigung weitergetragen wird, daß sie nicht mit seiner Hinrichtung erledigt wurde, daß sie vielmehr bis in die Gegenwart wirksam ist und in die Zukunft weiter wirken wird. Die ersten Christen haben entsprechend ihrem Weltbild diese Aussage nur als konkreten Akt ausgedrückt. Der Hingerichtete lebt, weil seine Sache weitergetragen wird.

Die Lösung ist wenig befriedigend; denn praktisch sind wir damit auf unseren Glauben als unsere eigene Tat und Möglichkeit verwiesen. *Wir,* die Christen, tragen Jesu Sache weiter, und wir fragen uns natürlich, ob wir dazu überhaupt in der Lage sind oder wieso dies von uns erwartet wird. Wenn die ersten Christen dies unternahmen, so hatten sie immerhin das Erleben mit Jesus von Nazareth, seine vollmächtige Predigt und sein Wirken als Grundlage. Aber diese Grundlage fehlt uns, und niemand sollte uns zumuten, aus dem Bericht der Evangelien dafür einen Ersatz zu finden. Wir müßten dann doch zunächst prüfen, ob die Sache Jesu wirklich so einzigartig ist, ob nicht die Sache anderer, von Kant und Hegel über Karl Marx und Lenin bis zu Mao Tse-tung oder auch die Bismarcks oder Adenauers uns nähersteht. Wenn man schon in Wahlzeiten plakatiert »Trau keinem über 130!« und darüber einen bärtigen Kopf darstellt,

so könnte man darüber mit viel mehr Recht ein Jesusbild stellen; denn er ist heute immerhin über 1900 Jahre alt und seine Sache auch.
Aber neben dieser Fragwürdigkeit der Sache Jesu, die Theologen dazu noch sehr unterschiedlich in ihrem Inhalt darstellen, steht die geschichtliche Frage, ob die ersten Christen tatsächlich mit ihrer Botschaft von der Auferstehung Jesu nichts anderes sagen wollten. War ihr Leben und Wirken nichts anderes als ein Weitertragen der Botschaft Jesu? Haben sie einfach bruchlos das fortgesetzt, was Jesus von Galiläa bis Jerusalem gepredigt und gewirkt hat? Stehen wir selbst in der Nachfolge dieser ersten Christen, werden wir wahrscheinlich etwas kleinlaut sagen, daß wir diesen Anspruch nicht einmal erheben können. Einen verschwommenen Glauben an ein jenseitiges Gottesreich, das irgendwann einmal kommen wird, einen daraus erwachsenden Trost für die Vergänglichkeit unseres Daseins haben wir von den ersten Christen übernommen und vielleicht noch einige Regeln für unser Verhalten, aber die Sache Jesu erscheint uns eher wie ein Gewand, das uns zu groß oder auch zu eng geworden ist – es paßt uns nicht mehr. Sollen wir dies auch für die ersten Christen annehmen? Dann könnten wir vielleicht sogar jene Deutung der Auferstehung anerkennen, weil wir das Ungenügen, das wir bei uns selbst feststellen müssen, dann auch schon bei den ersten Christen vermuten dürfen. Aber wir würden damit an der Wirklichkeit der ersten Gemeinde vorbeigehen.
So unmöglich es klingen mag, die ersten Christen taten mehr als die Sache Jesu weiterführen. Sie verkündigten und sie lebten, *daß seine Sache erfüllt ist.* Wenn Jesus verkündigte, daß das Gottesreich nahe herbeigekommen ist, so predigten und lebten die ersten Christen, daß das Gottesreich begonnen hat. Man mag das für einen grandiosen Irrtum halten, man mag sie bezichtigen, daß sie einen Traum, eine Utopie verwirklichen wollten, für die die Zeit noch lange nicht reif war. Aber daß sie dies und nichts anderes durch ihr Leben und Wirken bezeugen wollten, kann man nicht bestreiten, wenn man das ernst nimmt, was uns von diesen ersten Christen berichtet wird. Ihr gemeinsames Leben war nicht auf irgendein utopisches Programm gegründet, wie es etwa die Leute im Kloster Qumran zu verwirklichen suchten, um das Gottesreich herbeizuzwingen, es war das Leben der Freude im Gottesreich, an dem jeder teilhaben konnte, der nur wollte. Auch wenn wir hämisch feststellen, daß sie mit diesem fröhlichen Leben einen recht unrühmlichen Schiffbruch erlitten, so daß sie später von den Kollekten leben mußten, die Paulus in seinen Gemeinden sammelte, sie haben es versucht. Und das Erstaunliche ist, daß Paulus selbst dies offenbar für ein notwendiges Unternehmen hielt, sonst hätte er nicht in allen seinen Gemeinden diese Kollekte als so wichtig hingestellt.

Was diese ersten Christen predigten, sagt uns allerdings wenig Konkretes: Sie predigten Tod und Auferstehen Jesu, benutzten also wieder jenes Wort, das heute so wenig mit Inhalt gefüllt zu sein scheint: Auferstehung. Allerdings wird hier vielleicht am schmerzlichsten der Abstand deutlich, der uns von den ersten Christen trennt. Das ist nicht einmal der zeitliche Abstand, sondern eher inhaltlich der Abstand von ihrem Leben in der Heiligen Schrift ihrer Zeit, dem Alten Testament. Für sie war die Auferstehung nicht nur die Erweckung eines Toten, für sie war sie mit der Verheißung des Gottesreiches verbunden. Nicht irgendein Wunder, das man feststellen und beschreiben kann, war die Hauptsache, das, was den Glauben ausmachte, sondern das Gottesreich, das Reich in Frieden und Freude, in dem alles gut ist, glaubten und lebten sie. Dieses Gottesreich, das die Propheten verheißen hatten, das Jesus als unmittelbar nahe verkündigt hatte, war ihnen begegnet in dem, was sie als Auferstehung Jesu bekannten und predigten.
Warum die Auferstehung Jesu diese Bedeutung für die ersten Christen hatte, zeigt Paulus mit dem Satz, den er den Korinthern schreibt: »Nun aber ist Christus auferstanden von den Toten und der Erstling geworden unter denen, die da schlafen.« Er schreibt dies den Korinthern, die ähnlich wie wir die Auferstehung Jesu wie ein großes spektakuläres Wunder ansehen, wenn sie es auch im Gegensatz zu unserer Zeit angestaunt und keineswegs bezweifelt haben. Was nützt schon so ein Wunder, wenn es alleine steht, unwiederholbar ist, nichts weiter als eben ein Wunder bedeutet, so daß man es nur anstaunen kann? Für Paulus ist es wie für die ersten Christen ein Zeichen dafür, daß das Gottesreich begonnen hat, weil mit der Auferstehung Jesu die Überwindung des Todes begonnen hat.
Es scheint so, als seien wir damit nun doch wieder bei der üblichen Vorstellung geblieben, daß die Auferstehung die Wiedererweckung eines Toten ist, auch wenn jetzt wir selbst als Glaubende darin mit eingeschlossen sind. Es ist sicher kaum weniger problematisch, die Auferstehung der Toten zum Glaubensartikel zu machen, als von der Auferstehung eines einzelnen zu reden. Und wiederum müssen wir hier einen Abstand zwischen uns und den ersten Christen erkennen; denn für sie war dies keineswegs problematisch; für sie war das Hauptkennzeichen des Gottesreiches, daß dort der Tod nicht mehr sein wird noch Leid, noch Geschrei und Schmerz. Die Überwindung des Todes dadurch, daß die Toten wieder zum Leben erweckt werden, war für die ersten Christen und ihre Welt die einfachste und einleuchtendste Weise, in der sie sich dies vorstellen konnten. Aber das Gottesreich als greifbare und erfahrbare Wirklichkeit beschränkte sich für sie keineswegs auf diese Vorstellung. Es wird uns von ihrem

Leben in Frieden und Freude berichtet, ohne daß etwas Derartiges wie die Auferstehung der Toten bereits geschehen wäre, und Paulus nennt dies ausdrücklich als zukünftiges Gut der Hoffnung. Und selbst, daß der gekreuzigte, im Grabe liegende Jesus wieder erweckt wurde, war jedenfalls nicht in der Weise für sie der Inhalt ihres Glaubens, daß sie sich seiner körperlichen Lebendigkeit vergewissern mußten.

Es war etwas anderes, das ihren Glauben geweckt hatte, es war die Erscheinung des Christus, des Messias, den Gott zu senden verheißen hatte. Er war auf den Wolken des Himmels erschienen, wie Jesus es dem Hohen Rat angekündigt hatte, und damit hatte für die ersten Christen das Gottesreich begonnen. Das unterscheidet die Auferstehung Jesu, die die ersten Christen im Glauben bezeugen, von den Wundern der Evangelien, die so ähnlich erscheinen. Sie ist nicht einfach die Wiedererweckung des toten Jesus, sondern sie ist die Erscheinung des Christus als Bringer des Gottesreiches. Gewiß ist dieser Christus, der zuerst dem Petrus erschien, der gekreuzigte Jesus, und darum bezeugen die ersten Christen sein Erscheinen als seine Auferstehung. Aber es geht ihnen nicht um den seltsamen, vielleicht unheimlichen Vorgang, den wir unter Auferstehung uns vorstellen. Sie haben sich niemals darangemacht, diesen Vorgang darzustellen. Es geht allein darum, daß Gott den gesandt hat, den er verheißen hat, den Messias. Sein Erscheinen bezeugen sie, nichts anderes; denn dies ist allein wichtig, weil es die Gewißheit gibt, daß das Gottesreich gekommen ist.

Nun mögen wir noch einmal sagen, daß uns dies ebenso zweifelhaft erscheint – vielleicht noch mehr – wie ein Wunder, ob es nun einmalig oder gleich vielfältig behauptet wird. Und vor allem werden wir unseren Zweifel verstärkt sehen, daß die ersten Christen einen Glauben bezeugen, der heute Bedeutung haben kann; denn ihr Glaube ist doch gescheitert, ebenso wie Jesu Verkündigung zu nichts anderem als zu seiner Hinrichtung führte.

Daran ist richtig, daß alle drei Aussagen, die Auferstehung Jesu, die Auferstehung der Toten und das Kommen des Gottesreiches, nicht eine erweisbare Wirklichkeit nennen. Sie sind allerdings auch nicht in dem Sinne Aussagen des Glaubens, daß wir ihre Wirklichkeit glaubend annehmen sollen. »Das muß man eben glauben«, gilt nicht von der Auferstehung. Orientieren wir uns an dem Inhalt der Auferstehung, wie ihn die ersten Christen geglaubt haben, so finden wir ihn ja nicht in Erklärungen oder Bekenntnisformulierungen, sondern wir finden ihn allein in ihrem Leben – und, so seltsam es klingt, in ihrem Sterben. Es ist schon wichtig genug, daß dieses Leben von Frieden, Freude und dem Wohlgefallen aller ihrer Mitmenschen erfüllt war; denn damit erfuhren sie nicht nur etwas von dem Gottesreich, sondern das, was dieses Gottesreich von allen anderen Reichen unterscheidet. Dennoch erschöpft sich dieses Leben nicht darin, daß diese Christen eine andere, eine neue und bessere Ordnung des Miteinanders vorlebten, so daß die Außenstehenden bewundernd von ihnen sagten: »Seht, wie haben sie einander lieb.« Die Hauptsache dieses neuen Lebens ist die Hoffnung, die es erfüllt, für die der Friede und die Freude und das Wohlgefallen der Mitmenschen das sichtbare Zeichen sind. Es ist die Hoffnung darauf, daß dieses Gottesreich durch Gottes Tat Wirklichkeit für jedermann wird, so daß ein Leben, wie es uns von den ersten Christen berichtet wird, die ganze Menschheit bestimmt.

Wenn wir heute das Wort Auferstehung hören oder aussprechen, sollen wir wissen, daß diese Hoffnung damit ausgesagt wird, die das Leben lebenswert macht, ihm einen Sinn gibt und auch den Tod überwindet, weil die Hoffnung durch den Tod durchhält. Man kann also die Auferstehung weder logisch beweisen, noch kann man sie durch Argumente widerlegen. Wir können die Auferstehung nur leben und durch das Leben bezeugen oder in hoffnungslosem Leben verleugnen.

Fragen wir nun nach dem Leben, das die Auferstehung bezeugen soll, so werden wir von den ersten Christen allerdings erfahren, daß es anders ist als das Leben dieser Welt, so wie das Leben der ersten Gemeinde sich von dem ihrer Umwelt unterschied. Daß in ihm kein Leid und Geschrei, kein Schmerz war – davon erfahren wir zwar direkt nichts, aber daß die ersten Christen einander kein Leid und keinen Schmerz bereiteten, berichtet uns die Apostelgeschichte so eindrücklich, daß man diesen Bericht gern für ein ideales Phantasiebild erklärt. Dieser Zweifel an der Zuverlässigkeit der Überlieferung geht dem Zweifel an der Auferstehung seltsam parallel. Kann es sein, daß beide Male der Grund der gleiche ist, daß wir keine Möglichkeit gegenwärtiger Verwirklichung sehen? Gerade dann ist aber der grundlegende Unterschied nicht zu übersehen. Die Auferstehung verstanden als Wiederbelebung eines Toten bereitet uns Schwierigkeit, weil wir in einer anderen Zeit leben, deren Denken und Vorstellungsmöglichkeiten wir uns nicht entziehen können. Und die Wiederbelebung eines Toten entzieht sich darum unserem Für-wahr-Halten. Wir sind jedoch auf dem Holzweg, wenn wir meinen, daß damit eine Frage des Glaubens bereits entschieden sei; denn Glauben ist nicht die Leistung, unmögliche Dinge für wahr zu halten.

Was von den ersten Christen jedoch als Leben der Auferstehung berichtet wird, entzieht sich unseren Möglichkeiten höchstens darum, weil wir ein solches Miteinander, ohne daß wir einander Leid und Schmerz bereiten, ohne daß wir an den eigenen Privilegien festhalten und andere in ihrer Abhängigkeit bis hin zu einem menschenunwürdigen Leben belassen, für unmöglich halten. Und dann folgt das Urteil Illusion, Utopie oder Schwärmerei. Wir *wollen* die Möglichkeit eines Lebens der Auferstehung, der Gemeinschaft des Gottesreiches nicht für möglich halten, und darum erklären wir den Bericht über das Leben der Urgemeinde für ein ideales Phantasiebild ohne Wirklichkeitsgehalt. Es ist unser eigenes Unvermögen, ein Leben zu führen, das die Wirklichkeit des Handelns Gottes zur Grundlage hat. Der Auferstandene ist der erste der Entschlafenen, wir könnten auch sagen der friedlos und ohne Hoffnung Lebenden, der die Wirklichkeit des Gottesreiches erfuhr. Wir sind eingeladen, seine Genossen zu sein.

In den Slums Chicagos werden keine
Kinder mehr von Ratten totgebissen;
in Lateinamerika leben alle Menschen
menschenwürdig – es gibt keine Armen und Reichen;
in Indien stirbt niemand mehr durch Hunger, und
in Vietnam tragen alle Felder wieder gesunden Reis;
da glauben selbst die Atheisten in China
und der Sowjetunion, daß Christus
vom Tode erstand.
Solch ein Wunder ist diese neue Welt.

Peter Klever

Das Leben wählen

»Der Tod ist verschlungen in den Sieg.« Paulus meint damit nicht mehr und nicht weniger als »Der Tod ist vernichtet«. Nimmt er mit dieser Aussage den Mund nicht sehr voll? Kann man das denn so sagen: Der Tod ist vernichtet? Auf alle Fälle sprechen wir ihm das nach. Wir reden davon auf den Friedhöfen. Wir reden darüber an Ostern, vielleicht auch am Ewigkeitssonntag in Predigten. Wir sprechen es aus im Glaubensbekenntnis. Und wir singen es: »Christ ist erstanden. Des soll'n wir alle froh sein.«

Aber merkwürdig: So richtig froh scheint es uns nicht zu machen. Auch wenn man laut und kräftig mitsingt. Wir sind unsicher. Und weder die Lautstärke des Gesangs noch das häufige Wiederholen von Lehrformeln macht uns sicherer. Seien wir doch ehrlich. Sprechen uns nicht Gestalten wie der Thomas, von dem wir vorhin in der Lesung hörten, viel mehr an? Thomas ist ein Mensch, der sich nichts vormachen läßt. Er nimmt nichts ungeprüft hin. Er spricht aus, was er nicht versteht, und sagt auch, was er nicht glauben kann. Dabei – und das macht ihn mir so sympathisch – ist er mit seiner Meinung nicht fertig. Er sagt nicht: es gibt nicht, was es nicht geben kann. Er läßt die Möglichkeit offen, eines Besseren belehrt zu werden. Er ist offen dafür, zu erfahren, daß das Leben mächtiger ist als der Tod. – Wollte Gott, wir glichen ihm darin.

Aber wir machen es meist ganz anders. Wir leben in zwei Welten. In einer frommen Welt, wenn wir die Kirche betreten. Wir haben uns von klein auf daran gewöhnt, was da gesagt, bekannt und gesungen wird. Da singt oder spricht der Pfarrer an Ostern: Der Herr ist auferstanden. Und die Gemeinde antwortet – wie es gedruckt im Gesangbuch steht: Der Herr ist wahrhaftig auferstanden. Aufregend ist diese Meldung nicht mehr. Sie verblaßt, wie viele andere Siegesbotschaften, von denen wir in den Geschichtsbüchern lesen können. Und vieles andere, was hier weitergesagt wird: »Gott hat Frieden gemacht. Versöhnung ist geschehen. Christ der Retter ist da.« – Wir hören uns das an. Wir nicken vielleicht mit dem Kopf. Eigentlich ganz schön, was da gesagt wird. Und denken uns: Na ja, er ist ja ein Pfarrer. Er muß so reden. Aber dort draußen, jenseits dieser Mauern: da ist alles ganz anders. Da ist die andere Welt. Die Welt, die von Krisen und Unruhen erschüttert wird. Die Welt, in der man sich unversöhnlich an vielen Fronten gegenübersteht. Fronten zwischen den Völkern, Fronten quer durch die Bevölkerung, Fronten zwischen Nachbarn, Fronten quer durch die Familien. Die Welt, die an vielen Stellen der Rettung bedarf. Die Welt, in der wir leben und an die wir uns ebenso gewöhnt haben. Wir gleichen harmlosen Spaziergängern zwischen diesen beiden Welten.

Am Karfreitag vor etwa 1940 Jahren, an jenem ersten Karfreitag, zerriß im Tempel der Vorhang, der das Heiligtum von der Welt draußen trennte, so erzählen die Evangelisten. Damals wurde deutlich: Es gibt nur eine Welt, die Gott im Auge hat, für die Karfreitag und Ostern wurde. Und das ist die Welt, in der wir leben. Wenn das alles Bedeutung hat, was uns das Neue Testament berichtet, dann für das Leben draußen. Dann muß die Trennung aufhören: hier Kirche – dort Welt. Hier Sakrales – dort Profanes. Hier Himmlisches – dort Irdisches. Hier Glaube – dort Verstand.

Nähen wir also den Vorhang nicht wieder zusammen und bilden einen religiösen Sperrbezirk, in dem Gott seinen Platz zugewiesen bekommt. Wenden wir uns der Welt zu, in der wir leben, und fragen wir: Was sollen wir hier mit der Osterbotschaft des Paulus anfangen: »Der Tod ist vernichtet!« Man hat das Gefühl, er wird noch übermütiger. Herausfordernd fragt er: »Tod, wo ist dein Stachel? Was willst du eigentlich? Wo ist dein Sieg?«

Können wir das draußen vor der Kirchentür auch so sagen? Passen diese Worte in die Welt, in der sich unser Leben abspielt?

Es ist eine Welt des Todes! In ihr gehen wir nicht nur zielstrebig mit jedem Augenblick der Minute entgegen, in der unser Herz den letzten Schlag tut. Sondern wir erleben auch, wie ständig um uns herum in vielfältigster Form am Tod gearbeitet wird. Wie Menschen am Leben gehindert werden. Denken Sie daran, daß Messungen in unseren Großstädten ergeben haben, daß die Luftverschmutzung in den Stoßzeiten des Verkehrs lebensgefährliche Werte angenommen hat. Eine Düsenverkehrsmaschine, die über uns hinwegfliegt, stößt in jeder Sekunde so viel Abgase aus wie 4500 Pkw. Die schädlichen Wirkungen chemischer Zusätze in Lebensmitteln und Verbrauchsgütern scheinen den Gesundheitsbehörden schon längst aus der Kontrolle geraten zu sein. Immer wieder wird die Benützung eines chemischen Stoffes verboten, weil Menschen geschädigt wurden. Von den Opfern redet keiner mehr, nachdem die Zeitungen mit den Schlagzeilen, die sie machten, in den Papierkorb gewandert sind.

Wir lesen von der Gefahr des Umkippens bei unseren Seen und Flüssen, in die rücksichtslos und bedenkenlos Abwässer und Industrieabfälle hineingeleitet werden. Ein Gespenst geht um in unseren Tagen: der Unrat, in dem die zivilisierte Welt zu ersticken droht.

Oder denken Sie an die Unzahl von Raketen, die mit ungeheurer Vernichtungsgewalt auf uns und viele andere Menschen in der Welt gerichtet sind. Und vergessen Sie nicht, daß mit jedem Drittel einer Mark, die wir dem Finanzamt zahlen, die Kraft der Vernichtungsmaschinerie gesteigert wird. Von der Waffenentwicklung, über die Zeitungen nichts berichten, weil sie streng geheim sind, kann man sich kaum oder nur ungefähre Vorstellungen machen. Es ist eine Welt des Todes, in der wir Menschen uns auch auf mehr oder weniger freiwilligen Entschluß hin mit Nikotin, Alkohol und Rauschgiften unsere Körper zerstören.

Vom Tod muß wohl auch noch in ganz anderem Zusammenhang geredet werden. Der Tod herrscht auch da, wo Menschen aneinander vorbeileben, so als existiere der andere nicht mehr. Als sei er für ihn gestorben. So manche Nachbarn leben wie Tote auf dem Friedhof nebeneinander. Manchmal trifft man solche Verhältnisse auch in den engsten Familienkreisen an.

Da sind die Menschen am Rande unserer Gesellschaft. Die Behinderten, die man nicht sehen will. Vor denen sich nach einer Umfrage des Wickert-Institutes 75% unserer Bevölkerung ekeln. Deshalb schiebt man sie ab und versteckt sie. Auch die weit über 100000 Obdachlosen in der BRD und viele Alte ebenso wie die ausländischen Arbeitnehmer aus der Türkei, Griechenland und Jugoslawien, Italien und Spanien können ein Liedchen davon singen, »Abgeschobene«, »Stehengelassene« zu sein. »Die sollen selber arbeiten, wie wir. Wir haben auch 1945 von vorn angefangen.« Die Zahl derer, die so denken, ist hoch! Sonst wäre »Brot für die Welt« nicht ein Brosamen für die Welt und die Entwicklungshilfe nicht so umstritten und gering. Das ist die Welt des Todes, wo man einander kaputtmacht, zerstört, verkauft, nicht beachtet, verhungern und verkommen läßt.

Bitte, auf diesem Hintergrund sollten wir die Worte des Paulus hören. »Der Tod ist verschlungen in den Sieg.« Er hat damals, als er das den Korinthern schrieb, wohl auch noch nicht feststellen können, daß sich Wesentliches in dieser Welt des Todes und vielfältigen Sterbens geändert hat. Paulus sagt das, weil er an Ostern denkt. Er spricht es deutlich aus. »Gott sei Dank, der uns den Sieg gegeben hat, durch unseren Herrn Jesus Christus.« Was ist denn an Ostern geschehen?

Die unerbittliche Kette des Todes ist an einer Stelle aufgebrochen worden. Mit der Auferweckung Jesu wurde ein Zeichen des Lebens in diese Welt gesetzt. Gott hat »Nein« gesagt zum Tod und »Ja« gesprochen zum Leben. Wir müssen uns nicht mehr mit der Perspektive des Todes abfinden. Es gibt jetzt eine Perspektive des Lebens. Die soll unsere Tage bestimmen. Ostern ist kein abgeschlossener Vorgang, an den wir feierlich denken. Ostern will die Gegenwart mit Leben erfüllen und die Zukunft dem Leben erschließen. Ostern will hoffnungsvoll über die Horizonte des Todes hinausblicken lassen. Ostern will dem Leben neuen Raum verschaffen. Und zwar nicht nur und nicht erst auf dem Friedhof. Vielleicht erreicht heute die christliche Botschaft vom Leben auf den Friedhöfen viele deshalb nicht mehr, weil nur dort davon geredet wird und wir Christen ansonsten als Sklaven des Todes unsere Tage zubringen.

»Überall da wird der Tod mächtig sein, wo die Sünde mächtig ist«, stellt Paulus fest. Was ist das: »Sünde«? Sünde ist jedes Wort und jede Tat, mit der ich Gott und dem Nächsten die Mitarbeit am Leben verweigere. Jedes Wort und jede Tat, mit der ich den Menschen, der mit mir leben möchte, stehenlasse, als existiere er nicht.

Die Sünde lebt vom Gesetz, sagt Paulus. Sie lebt davon, daß Gott eine Proklamation des Rechts auf Leben erlassen hat. Daß er die Möglichkeit gegeben hat, das Leben zu schützen und zu fördern. Die Sünde verweigert diese Möglichkeit. Sünde heißt: Wir kennen das Gesetz Gottes, das Leben schaffen will – und treten es mit Füßen! Im Alten Testament steht ein Wort, das lange vor Christi Geburt aufgeschrieben wurde. Dieses Wort beschäftigt mich immer wieder. Es heißt: »Gott spricht: Ich habe dir vorgelegt Segen und Fluch, Leben und Tod. Daß du das Leben wählest!«

Was wählen wir?

Das versöhnende Wort mit dem Nachbarn – oder den eisigen Hauch des Todes, der alle Menschlichkeit erfrieren läßt?

Endlich ein eindeutiges »Nein« zur Entwicklung, Herstellung und Betätigung von Waffen und sonstigem Kriegsmaterial! – oder im Ernstfall das Mittun beim millionenfachen Mord von Menschen?

Endlich Unternehmungen von Kirchengemeinden, politischen Gemeinden, meinetwegen auch von Stammtischrunden gegen das Gespenst der Umweltverschmutzung – oder lassen wir geduldig und ohne Widerspruch uns und unsere Kinder vergasen und vergiften?

Nehmen wir Behinderte wirklich auf in unserer Mitte und fördern sie mit allen Mitteln oder bewegen wir uns langsam aber sicher wieder auf die Verurteilung »lebensunwerten Lebens« zu?

Machen wir den Gruppen am Rande der Gesellschaft Platz neben uns – notfalls mit entsprechendem Druck auf Politiker, oder drängen wir sie weiter hinaus? Wollen wir die Botschaft vom Leben, von der Auferstehung auch wahrhaben, wenn es konkret wird auf dieser Welt? Ganz konkret in der Nachbarschaft oder in der Familie?

Daß du das Leben wählest, sagt Gott! Ostern will dazu Mut machen. Der Tod und alles, was in seinem Schatten sein Wesen treibt, ist nicht ein hoffnungsloser

Kreis, aus dem man nicht ausbrechen kann. Gegen den man nicht anstürmen kann.
»Wißt«, sagt Paulus, »daß eure Anstrengung um des Herrn willen nicht umsonst geschieht!« Das sind die letzten Worte des Auferstehungskapitels im 1. Korintherbrief!
Es lohnt sich, den todbringenden Mächten den Kampf anzusagen. Weil Ostern ist. Weil einer sie bezwungen hat. Weil einer gezeigt hat: das Leben ist stärker. Damals – am ersten Ostern – hat der Tod seine Unbezwingbarkeit verloren. Deshalb kann Paulus wohl mit Recht sagen: Der Tod ist vernichtet. Er ist an seiner Achillesferse getroffen.
Auch ihr könnt deshalb jetzt den Kampf mit ihm aufnehmen. Dieser Kampf wird nicht leicht sein. Ihr werdet zu spüren bekommen, wie er sich aufbäumen wird. Es kann sein, daß ihr manchmal mutlos werden möchtet. Trotzdem! »Meine lieben Brüder«, schreibt Paulus, »bleibt fest. Bleibt unerschütterlich und arbeitet immer ganz intensiv am Werk des Herrn.«
In der alten Kirche gab es den Brauch, in der Osternacht das sog. Ostergelächter anzustimmen, weil der Tod seine Unbezwingbarkeit verloren hat. Ein guter Brauch, den wir verlernt haben. Aber beim Gelächter dürfte es nicht bleiben. Intensive Arbeit am Werk des Herrn, am Werk des Lebens, muß folgen. Nur so werden wir und andere mit uns erfahren, daß es berechtigt ist, sich »frohe Ostern« zu wünschen.

Ostern — Offenbarung 1,18
Heinrich Albertz — Er ist ein Lebender

Gestern morgen rief die fünfjährige Stephanie meine Frau, ihre Großmutter, an: Sie habe die ganze Nacht nicht geschlafen und immerzu weinen müssen. Sie habe ein Bild von dem Herrn Jesus gesehen, wie er gekreuzigt werde. Meine Frau versuchte das Kind zu trösten: Heute läge der Herr Jesus schon ganz friedlich im Grabe, und morgen würde er auferstehen und ganz gesund und fröhlich sein. Sie solle nicht mehr weinen.
Ich saß am Frühstückstisch, wissend, daß ich gleich hinauf in mein Zimmer gehen würde, die Osterpredigt aufzuschreiben. Konnte ich es mir auch so einfach machen wie in diesem Gespräch mit einem erschreckten Kind?
Wer hat denn von uns wie ein Kind geweint, als er die Sterbensgeschichte Jesu hörte, hier in der Kirche, oder in den vielen Sendungen des Rundfunks und des Fernsehens: diesen Tod aller Tode, überschüttet vom Haß und Jubel der fanatischen Menschen, diese tiefste Verlassenheit, die je geschildert worden ist: Gott von Gott verlassen, Gottes Sohn, der Mensch allein, so allein, wie vor und nach ihm keine Kreatur auf dieser Welt. »Ich war tot.« Es geht ja immer ein bißchen schnell mit dem Karfreitag zu Ende. Das ist ja alles auch nur lästig und beschämend. Das entspricht auch so haargenau unserem Verhalten gegenüber jedem, den wir für einen Verbrecher halten – von den keifenden Marktweibern bis zu den davonlaufenden Jüngern, zu den Hohenpriestern, dem Hohen Rat, Pilatus, den am Richtplatz würfelnden Soldaten. Da ist es gut, daß schnell Ostern kommt. Die Matthäuspassion wird abgelöst vom Krimi und der üblichen Wochenendshow. Die Welt ist wieder in Ordnung. Und wir singen hier heute die fröhlichen Osterlieder.
Liebe Gemeinde, ich möchte gern, daß wir es uns nicht so einfach machen. Ich möchte gern, daß wir begreifen, warum die Ostergeschichte im ältesten Markusevangelium, wie wir sie eben am Altar gehört haben, eigentlich nur von Furcht und Erschrecken redet. Diese tapferen Frauen – viel tapferer als die davongelaufenen Männer – hatten ja nun wahrlich genug von den letzten drei Tagen und Nächten. Vielleicht haben sie irgendwann einmal von den schier unglaublichen Hinweisen ihres Herrn etwas mitbekommen: daß er sterben, aber wieder leben würde. Aber vielleicht haben sie in ihrer tiefen Verzweiflung auch gedacht, nun sei es gut, daß diese schreckliche Geschichte Jesu zu Ende sei, unfähig, sich weiter zu fürchten. Sie kommen zum Grabe – Gott sei Dank, er hat

es überstanden, er hat seinen Frieden, die gellenden Schreie des zu Tode Gequälten sind verhallt. Es ist endlich Ruhe. Nicht: Er war tot, er *ist* tot, vergangen, vorbei.

Würdest Du bei einem geliebten Menschen anders reagieren, wenn er ausgelitten hat?

Aber nun ist das Grab leer. Der totale Einbruch in unsere Vorstellungswelt, in den ehernen Ablauf von Werden und Vergehen, Geborenwerden und Sterben liegt ja in dem Zeitenwechsel dieser ersten drei Worte des erhöhten Christus: Ich *war* tot. Tot *sind* wir alle, wenn es soweit ist. Das Herz hört auf zu schlagen, das Blut gerinnt. Der Leib verfault, zerfällt. Das absolute, unwiderrufliche Ende ist eingetreten. Aber der Herr spricht gegen alle Gesetze der Natur und der Erfahrung von seinem Tode als von etwas Vergangenem. Das war. Jawohl, das war. Kein Scheintod. Wie die Mörder zu seiner Seite ist er schrecklich verendet. Das Exekutionskommando hat sich nach Vorschrift von seinem Exitus überzeugt und sicher eine dienstliche Meldung darüber gemacht. Aber Christus sagt dem allen ins Angesicht: Siehe, ich bin lebendig. Im griechischen Text heißt es wörtlich:

»Ich bin ein Lebender.« Und fügt hinzu: »von Ewigkeit zu Ewigkeit«. Also ohne alles Ende. Endgültig ist dieses Leben, der Sieg über den Tod, die Überwindung des Schreckens.

Liebe Gemeinde – das ist an jedem Ostertag von neuem unerklärbar. Auch die Heilige Schrift kann es nicht erklären. Die Berichte über die Erscheinungen Jesu zwischen Auferstehung und Himmelfahrt sind seltsam diffus und widersprüchlich. Er geht am Ostermontag neben zwei Jüngern, und sie erkennen ihn erst, als er mit ihnen das Brot bricht. Er tritt durch verschlossene Türen. Einmal – dem handfesten Zweifel des Thomas gegenüber – freilich darf ihn einer berühren und fällt überwältigt in die Knie: »Mein Herr und mein Gott.« Träume? Halluzinationen? Hirngespinste der geängsteten und verfolgten Jünger? Hysterie der Frauen?

Alle diese Antworten hat man zu geben versucht, bis tief in die wissenschaftliche Theologie hinein. Sie gehen an einem unbestreitbaren und damit an dem entscheidenden, historisch belegbaren Tatbestand vorbei: Die erste Gemeinde, diese verstörten, erschreckten, aufgewühlten Männer und Frauen, haben den lebendigen Jesus Christus erfahren. Sie haben erlebt, daß der letzte Schrei eines gemarterten Herrn am Kreuz nicht sein letztes Wort war. Sie haben davon gelebt, daß er mitten unter ihnen war. Sie haben einem Lebendigen und nicht einem Toten geglaubt. Dieses Zeugnis ist in den Evangelien, in der Apostelgeschichte, in den Briefen des Paulus, Petrus und Johannes, in der Offenbarung, aus der unser Text stammt, eindeutig. Die Gemeinde, die Kirche, der Glaube und das Handeln jedes einzelnen von uns, denen Christus begegnet über die Jahrhunderte bis in diese Gemeinde, lebt von einem Lebendigen. Sie wäre tot, er wäre tot, vergessen, zerstoben in alle Winde, gälte nicht diese Wahrheit: »Ich bin ein Lebender, von Ewigkeit zu Ewigkeit.«

Das ist mit keiner wissenschaftlichen oder chemischen Formel faßbar, das ist rational nicht zu erklären, ich wiederhole es, aber das ist Wirklichkeit, so hautnah wie das Holz dieser Kanzel, wie das Papier dieser Blätter, wie die Luft, die wir atmen.

Aber wo ist er, den wir nicht sehen und der doch lebt? Wir sollen nicht lächeln über die altmodische Erklärung, die unsere evangelischen Väter aufgeschrieben haben: »in Wort und Sakrament«. Ja, da ist er wohl. Manchmal sehr mühsam zu finden, besonders wenn gelehrte Theologen Texte zum Predigen empfehlen, die nicht einmal der Prediger verstehen kann – aber da ist er. Je älter ich werde, desto eindeutiger kann ich es bezeugen: Man muß nur lesen können, und Jesus, der Herr, ist in Deinem Zimmer, redet mit Dir, tröstet Dich, mahnt Dich, ermutigt Dich, mehr als die meisten Menschen, die Du sehen kannst. Und im Sakrament: ja, da ist er. Wieder über allen Streit der Theologen hinaus: in Brot und Wein, so einfach, zu schmecken und zu fühlen über die Jahrtausende – wie ein Kind, die über seinen Tod weinende Stephanie, seinen Ball anfassen kann.

Und in dem Kind selbst, im Mann, in der Frau neben Dir. Ja, da ist er. Das hat er hundertmal gesagt durch alle Evangelien: Ihn sehen wir nicht, aber den Nächsten sehen wir, einzeln, in Gruppen, in Massen – gehetzt, getrieben, verfolgt, getötet wie er. Der Lebendige weist uns an die Lebenden, nicht an die Toten. So ist er ein Lebender für uns von Ewigkeit zu Ewigkeit. So ist die Grenze zwischen Leben und Tod aufgehoben, zwischen Himmel und Erde, zwischen Zeit und Ewigkeit.

Aber ist das alles? Müssen wir nicht auch von unserem Tode, unseren Toten reden? In unserm Offenbarungswort ist davon die Rede: »Ich habe die Schlüssel – wörtlich übersetzt – des Todes und des Hades – also des Totenreiches.« Der Herr, der seinen Tod überwunden hat, ist auch der Herr unseres Todes. Wer die Schlüssel hat, ist der Herr des Hauses, auch des finstern Hauses von Milliarden Toten, auch der Tür, die sich hinter Dir schließt, wenn Dein Herz aufhört zu schlagen. Auch von mir und Dir kann es nun wahr werden, was er von sich selbst gesagt hat: daß wir einmal tot *waren* und daß wir Lebendige sein werden ohne Ziel und Ende. Die Dimension, in die Jesus Christus eingetreten ist, das Reich des unzerstörbar Lebendigen, wird auch unsere Dimension. Weil er nicht

verlorenging, sollen auch wir nicht verlorengehen. Wir werden sterben wie er, aber wir sollen auch leben wie er.
Liebe Gemeinde – wiederum, das ist unerklärbar. Aber das ist erfahrbar. Das ist glaubbar. Das haben uns nicht nur über die Jahrhunderte Generationen von Menschen, die Christen waren, vorgeglaubt, vorgelebt, vorgestorben, das ist auch der einzige Trost im Leben und im Sterben, an den wir uns halten können und der uns hält. Ich wäre in meinem vielfach umgetriebenen Leben jedenfalls längst verzweifelt, wüßte ich dies nicht mit absoluter Sicherheit: Die Ströme von Blut, Krieg, Verderben und Tod sind im Leben und Sterben, im Sterben und neuen Leben Jesu Christi aufgefangen, überwunden, verwandelt und mein eignes Leben und Sterben dazu. Wiederum: die Grenzen sind aufgehoben. Du kannst an tausend Särgen stehen und tausend Tote erlebt haben – Du erlebst hinter den bleichen Masken und blind gewordenen Spiegeln Ihn – den auferstandenen Christus.
Also ist es doch so einfach wie in dem seltsamen Gespräch zwischen Enkelkind und Großmutter gestern früh? Ja, so einfach. So schwer. So furchtbar und so herrlich. So unerklärlich und so sicher. Der Herr ist auferstanden. Er ist wahrhaftig auferstanden.

Alfons Beil

Osterglaube auf dem Prüfstand

Zu den Erlebnissen aus den Schrecken des Zweiten Weltkriegs, die sich mir unauslöschlich eingeprägt haben, gehören die Erfahrungen mit zwei schwergeprüften Frauen.

Anläßlich einer Beerdigung hörte ich aus einer der Totenzellen neben der Friedhofskapelle einen ohrenbetäubenden Aufschrei. Ein Bestattungsordner erklärte mir, das sei die Mutter jenes jungen Luftwaffenhelfers, der bei dem Fliegerangriff umgekommen sei. Da erinnerte ich mich an die Todesanzeige, die ich zwei Tage vorher in der Zeitung gelesen hatte. Diese Frau, Witwe, hatte den Tod ihres einzigen Sohnes bekanntgegeben. Was aber an dieser Anzeige stutzen machte, obwohl man es damals wie so oft lesen konnte, war das Bekenntnis: »In stolzer Trauer!« Dann jetzt dieses hemmungslose Hinausschreien der Verzweiflung. Auch der sicher an vieles gewöhnte und, wie man hätte denken können, abgebrühte Bestattungsordner litt tief erschüttert mit.

Um dieselbe Zeit erhielt eine andere Frau, Glied unserer Gemeinde, die kurz vor dem Krieg ihren Mann und im Krieg bereits einen Sohn verloren hatte, die Nachricht, ihr anderer Sohn sei nun auch gefallen. Ich kannte sie als schlichte, bescheidene, pflichttreue und tieffromme Frau. Aber diese Todesnachricht traf sie wie ein Keulenschlag. Sie schrie laut hinaus. Mir verschlug es die Sprache. – Da kam mir die Erinnerung an Elisabeth von Thüringen, die von der Nachricht, ihr innigst geliebter Mann Ludwig sei in Süditalien der Pest erlegen, auch wie auf den Kopf geschlagen vor Weh hinausschrie. Doch ähnlich wie Elisabeth fing sich die schwer heimgesuchte Mutter, nachdem sie sich ausgeweint hatte, und ließ sich allmählich trösten.

Aber was tröstete sie? Es war nicht der Gedanke, ihr Sohn habe für den »Führer« und »Großdeutschland« sein Leben geopfert, wenn sie sich auch über den wahren Sinn, d.h. Irrsinn jenes Krieges ebensowenig Gedanken machte, wohl machen konnte wie seinerzeit Elisabeth von Thüringen über den des Kreuzzugs, zu dem ihr Mann sich hatte einschiffen wollen. Es war bei beiden der Glaube an Jesus den Gekreuzigten. Freilich, was Jesu Kreuzestod zutiefst bedeutet, kam den beiden Frauen wie auch mir selbst erst durch solche Schicksalsschläge so recht zum Bewußtsein.

Ich hörte neulich die Klage, wie schwer, ja geradezu aussichtslos es heute doch sei, auch vor Jugend, die sich zur Kirche bekenne, vom Geheimnis des Kreuzes zu sprechen. Unsere Lage ähnelt darin in gewissem Sinn der unserer Ahnen um die Zeit vor anderthalb Jahrtausenden. Die Glaubensboten standen vor der Frage, womit sie den Wotanskult ablösen könnten. Sie wagten es offenbar nicht, die Heiligtümer des germanischen Gottes durch solche des gekreuzigten Jesus zu verdrängen, betrachteten das als eine zu große Zumutung für jene kriegerischen Menschen. So zogen sie es vor, auf Höhen wie hier in Heidelberg auf dem Heiligenberg dem kämpferischen Michael Heiligtümer zu errichten. Dem entspricht auch, wie die Evangelienharmonie »Heliand« das Ärgernis des Kreuzes umgeht. Allein da wurde dieses Ärgernis als solches immerhin noch gesehen und erlebt. Später gewöhnte man sich daran. Vielleicht ist es trotz allem eine Chance, wenn zumal die jungen Menschen heute es wieder erleben.

Indes, der Kreuzestod des Jesus von Nazareth für sich allein, als unwiderrufliches Ende, als Zusammenbruch und Scheitern hätte die Frau und Mutter aus dem Zweiten Weltkrieg wie auch Elisabeth ebensowenig trösten können wie die ersten Jünger am blutigen Freitag.

Wie war es denn damals mit jenen? Der Tod ihres Meisters am Galgen hatte sie nicht nur in Trauer und Mutlosigkeit, nein zum guten Teil in wahre Verzweiflung gestürzt. Frauen wollten dem Leichnam, der sterblichen Hülle noch einen letzten Liebesdienst erweisen. Weiter dachte offenbar niemand. Doch vom dritten Tag an öffnen sich die Jünger, allerdings mehr oder weniger zögernd, der Erkenntnis, er lebe. Sie berichten von Erscheinungen, die sie gehabt hätten. Sie berufen sich darauf für die Bezeugung eines Geschehnisses, das freilich außerhalb dessen steht, was Gegenstand der Geschichtswissenschaft ist, ja sein kann.

Den ältesten und ursprünglichsten Bericht über solche Erscheinungen haben wir vom Apostel Paulus. Das 15. Kapitel seines ersten Briefs an die Gemeinde in Korinth beginnt so: »Ich erinnere euch, Brüder, an das Evangelium, das ich euch verkündigt habe. Ihr habt es angenommen und steht fest darin. Durch dieses Evangelium werdet ihr gerettet, wenn ihr an dem Wortlaut festhaltet, den ich euch verkündigt habe; sonst wärt ihr vergebens zum Glauben gekommen. Denn vor allem habe ich euch überliefert, was auch ich empfangen habe: Christus starb für unsere Sünden, wie es die Schriften gesagt haben, und wurde begraben. Er ist am dritten Tag auferweckt worden, wie es die Schriften gesagt haben, und erschien dem Kefas, dann den Zwölf. Danach erschien er mehr als fünfhundert Brüdern zugleich; die meisten von ihnen sind noch am Leben, einige sind entschlafen. Danach erschien er dem Jakobus, dann allen Aposteln. Als letztem von allen erschien er auch mir . . . Aber ob ich es bin oder die andern: das ist unsere Botschaft, und das ist euer Glaube geworden.« – Wer vermöchte sich der Wucht dieses Zeugnisses so leicht zu entziehen? Es will aber in seinem Zusammenhang gesehen sein. Der Apostel kommt auf die Auferwekkung Jesu eigentlich nur bei Gelegenheit zu sprechen. In der korinthischen Gemeinde wurde die Auferweckung der Toten in Frage gestellt. Um sie zu stützen, bringt Paulus das Zeugnis für Tod und Auferweckung des Christus. Dann aber stellt er eine höchst zeitgemäße, wahrhaft existentielle Überlegung an: »Wenn es keine Auferstehung der Toten gibt« – er will sagen: weil das, wie behauptet, ein Widersinn sei –, »ist auch Christus nicht auferweckt worden. Ist aber Christus nicht auferweckt worden, dann ist unsere Verkündigung nichts, und nichts ist euer Glaube . . . Wenn wir nur in diesem Leben auf Christus gehofft haben, ist unser Elend größer als das aller anderen Menschen.« D.h. mit anderen Worten: dann ist überhaupt alles sinnlos. Die Frage nach der Auferstehung Jesu läuft für Paulus also auf die Frage nach einem letzten Sinn überhaupt hinaus. Das meint wohl auch jene Stelle in »Christ ist erstanden«: »Wäre er nicht erstanden, so wäre die Welt vergangen.« Stellt jemand den letzten Sinn aller Dinge in Frage, kann man ihn mit Vernunftgründen nicht eigentlich widerlegen. Man kann ihm wohl zu überdenken geben, ob er sich damit abfinden kann, daß es dann auch gleichgültig ist, ob es jemand mit der Wahrheit hält oder lügt, gerecht ist oder ungerecht. Doch schließlich geht es hier um eine Stellungnahme und Entscheidung, um den Mut, sich zu einem letzten Sinn zu bekennen. Paulus hat diesen Mut. Er beschließt die erregende Betrachtung mit dem Satz: »Nun aber steht fest, daß Christus von den Toten auferweckt worden ist, der Erste der Entschlafenen.«

Von hier aus, aus der Ostererfahrung sah der Apostel Jesus, nicht mehr dem Fleische nach, auf irdische Weise (2. Kor 5,16). Aus der Ostererfahrung sahen und beschrieben, bezeugten auch die Evangelisten das Leben und Wirken des Jesus von Nazaret.

Für diesen Glauben ist Paulus und sind nach ihm viele mutige Zeugen bis in unsere Tage in den Tod gegangen. Und um auf den Anfang unserer Überlegung zurückzukommen: Elisabeth von Thüringen fand Trost in ihrem Glauben an den gekreuzigten und – auferstandenen Heiland. In ihm tröstete sich auch jene schwergeprüfte Mutter im letzten Krieg.

Brüder und Schwestern, und wir? Ist unser Glaube der Botschaft vom gekreuzigten und auferweckten Jesus als unserem und aller Welt Heil gewachsen? Vielleicht fühlen wir uns in der Lage jenes Vaters im Evangelium und können wahrheitsgemäß nur sprechen: »Ich glaube, (Herr,) hilf meinem Unglauben!« (Mk 9,24) – Nun, dann wohl uns; dann gehören wir ja zu den Glaubenden!

Aber, Geliebte, unser Christenglaube überhaupt und unser Osterglaube im besonderen soll sich auswirken im Leben. Das erste wird sein – nach dem bisher Erwogenen habe ich fast Hemmungen, es auszusprechen –, daß es ein froher Glaube ist, daß er Freude geradezu ausstrahlt. Ist es abwegig, hier an ein Wort Friedrich Nietzsches zu erinnern: »Bessere Lieder müßten sie mir singen, daß ich an ihren Erlöser glauben lerne: erlöster müßten mir seine Jünger aussehen!« (Zarathustra II)? Ist es tatsächlich nicht oft so, daß wir Christen eher einer Art Sauerampfer gleichen? – Freilich, wir wollen nüchtern bleiben: Es ist nicht alles allen und jederzeit möglich. Denken wir nur noch einmal an jene schwer heimgesuchte Frau und Mutter. Doch ist der Osterglaube in uns lebendig, drängt er zur Freude, und wenn es in der gegebenen Lage hier und jetzt auch nur mühsam erlangter Trost sein kann, wie es in unserm alten Ostergesang ja auch heißt: »Christ soll unser Trost sein.« Und solcher Glaube vertraut, ist Vertrauen. Er löst die in Sorge verkrampften Hände, läßt sich in Gott fallen wie in einen Abgrund, der doch immer trägt, traut ihm alles, auch das Unmögliche zu.

Aber der Osterglaube drängt auch zu einem neuen Leben oder vielmehr zum Wandel im neuen Leben (Röm 6,4). Jesus ist ja nicht ins alte Leben zurückgekehrt, sondern ins neue Leben der Verklärung eingegangen. Österlich erneuert, in der Taufe wiedergeboren (Joh 3,3.5), haben wir an seinem neuen Leben teil. Nun sollen wir also darin wandeln. Dieser Wandel erfordert einen immer wieder neuen Ansatz zum Umdenken und zur Umkehr und Buße (Mk 1,15) fügen wir hinzu: vor allen Versuchen, die Welt zu verändern.

Allein unser Glaube zumal als Osterglaube hat auch einen geradezu politischen Bezug. Das gilt schon insofern, als die Rettungstat Jesu nicht nur auf das Heil einzelner, sondern auf das der Menschenfamilie, ja des ganzen Alls zielt, damit schließlich Gott sei alles in allem (1 Kor 15,28). Der politische Bezug will aber auch im engeren Sinn verstanden sein. Das österliche, neue Denken ergreift uns auch als Glieder der bürgerlichen Gemeinschaft, als solche, die verantwortlich mitbeteiligt sind an der Gestaltung und am Ablauf der Geschichte. Was kann das heißen?

Der wahrhaft österliche Mensch kennt kein billiges Vergessen. Auschwitz verdrängt er auch am Fest der Feste nicht. Er rechnet nicht auf. Er kennt da keine Verjährung, es sei denn durch reumütiges Bekenntnis, Umkehr und Buße im Vertrauen auf Gottes Vergebung. So denkt er nicht nur an Auschwitz und andere Greuel aus unsern Tagen. Er vergißt auch nicht, wie wir als Christen längst vor dem Nationalsozialismus viele Jahrhunderte hindurch bis in die Gegenwart schuldig geworden sind am Volk der Juden, wie wir uns versündigt haben an Mitchristen und andern durch Folterungen und Ermordungen von »Ketzern«, durch die Unterstützung von Kolonialmächten, die Menschen wie Wild jagten, die vielen Frauen nicht zu vergessen, die als angebliche Hexen zu Tode gequält wurden.

Der österlich Glaubende und Liebende bejaht gewiß das private Eigentum; doch wichtiger ist ihm dessen sozial bedingte Begrenzung. Darum leidet er schwer darunter, daß es Glaubensbrüder gibt, die gerade die umgekehrte Wertung als die eigentlich christliche ausgeben und so das Christentum im Verruf halten, als sei es die Religion der Besitzenden und Mächtigen.

Er kann sich nicht damit abfinden, daß, wie eine kanadische Untersuchung feststellt, es gerade dem Bekenntnis nach christliche Gruppen sind, die vor dem Entweder-Oder zwischen kaltem Krieg und Abrüstung, zwischen Einführung oder Beibehaltung der Todesstrafe und ihrer Abschaffung, fügen wir hinzu: zwischen dem »sicheren« Weg des Mißtrauens und der Bereitschaft, Vertrauen zu schenken, sich regelmäßig für das erste entscheiden. Da ist es ihm ein kleiner Trost zu wissen: Der Ständige Rat des französischen Episkopats und der Rat der protestantischen Föderation in Frankreich haben den Handel mit Waffen scharf verurteilt (Publik-Forum 1973/13, S. 6). Ein Trost, allerdings ein recht bescheidener.

Der von seinem Osterglauben Bewegte ist allgemein darüber bekümmert, daß, wie Erzb. Helder Camara von Recife beklagt, in vielen Ländern Parteien, die sich christlich nennen, zu Sammelbecken reaktionärer Kräfte geworden sind (Publik-Forum 1973/11, S. 17) und daß so, wie neulich treffend bemerkt wurde, Kirchenchristen eher einem Feuerlöscher als einer Brandfackel gleichen. Noch kann er ruhig mit ansehen und mit anhören, wie Christen lauthals solche, die die Änderung des Strafparagraphen zum Schutz der Ungeborenen anstreben, Mörder schimpfen, aber gegen Kriegsgreuel wie an den letzten Weihnachten entweder überhaupt nicht oder nur zaghaft und verschämt ihre Stimme erheben oder das alte Sprichwort mißachten, daß, wenn zwei dasselbe tun, es noch lange nicht dasselbe sein muß, und darum die Repression in sozialistisch-atheistischen Staaten auf dieselbe Stufe stellen wie die in einem »totalitären Gottesstaat«, als da sind Spanien, Portugal, Brasilien, Bolivien, Chile u.a.

Ja, wer vom Evangelium herkommt, findet es bei aller Würdigung der guten Absicht vieler hochachtbarer Frauen und Männer letztlich doch unerträglich, daß Gruppen des politischen Tageskampfes sich christlich nennen, vom Wichtigsten abgesehen damit den Gegensatz hie Christen – hie Arbeiter, ja fast auch hie Christen – hie Intellektuelle heraufbeschwören, jedenfalls aber die christliche Sache vor der Welt bloßstellen und zutiefst unglaubwürdig machen.

Doch, Brüder und Schwestern, der wahre Jesus-Jünger, lebend aus dem Osterglauben, aus der Dankbarkeit der Erlösten, noch einmal wollen wir es uns sagen: er beginnt mit der Reform immer noch bei sich selbst mit Umdenken, Umkehr und Buße. Und was er darüber hinaus unternimmt, das versucht er liebend und hoffend – wenn auch wider alle Hoffnung!

Ostern

Gisbert Greshake — Universale Hoffnung

»Was nicht in den Kram paßt, läßt sich so harmlos machen, als wäre es weg. So wurde schon manches unhandliche Wort heruntergespielt«, sagt einmal Ernst Bloch. Und in der Tat: Es verharmlosen das Osterfest diejenigen, die heute ein bloßes Ereignis der Vergangenheit, eben das pure Faktum der Auferstehung Jesu, in rückwärtsgewandter gläubiger Erinnerung feiern, aber auch diejenigen, die milde lächelnd die Botschaft von solchem Geschehen als indiskutabel abtun. Beide verharmlosen. Denn was Auferstehung meint, ist in letzter Brisanz noch gar nicht in den Blick gekommen, wenn man sie herunterspielt zu einem Vorkommnis, das irgendwann und irgendwo einmal »in jener Zeit« passiert ist und auf das sich seither die Menschen, ob nun gläubig oder ungläubig, *zurück*beziehen. Ostern nur so verstehen, hieße: den Lebenden bei den Toten suchen; hieße: die in der Auferstehung Jesu proklamierte radikale Erneuerung der Welt auf einen Punkt der Vergangenheit nivellieren. Nein, es geht heute nicht um eine Sache der Vergangenheit. Wer Ostern sagt, sagt Zukunft; wer Auferstehung bekennt, bezeugt Hoffnung; wer neues Leben meint, weigert sich, das Alte und Gegebene, das immer schon und immer noch so Seiende als unwiderruflich hinzunehmen. Ostern eröffnet Zunkunft und Hoffnung.

Da stirbt einer am Kreuz, hoffnungslos, Jesus von Nazareth, auf den viele ihre Hoffnung gesetzt hatten. Den Trauernden und Weinenden hatte er Mut zugesprochen, sich der von Krankheit und Vergeblichkeit Bedrohten angenommen. All diese, selbst die ihr Leben verpfuscht hatten, die Deklassierten und von der Gesellschaft Geschnittenen, aber auch die anderen: die Reichen, Mächtigen und Potentaten wollte er aus ihrer Vereinzelung und Zerspaltung zusammenführen zu einer neuen Gemeinschaft der Brüderlichkeit und Freiheit, wo keiner des andern Herr, wohl aber jeder des andern Diener sei, in der nicht Macht und Zwang, sondern Liebe und Hingabe das letzte Wort hätten. Er lud die Menschen ein, aus der erstickenden, miesen Enge ihrer Selbstsucht und dem versklavenden Kreis ihrer eigenen Interessen umzukehren; er sprach ihnen Vergebung von der Last der Vergangenheit zu und rief sie zur Vergebung untereinander auf. Jeder sollte die Chance haben, neu anfangen zu können. Die anonymen Tabus von bloß gesetzlichen, die menschliche Freiheit knebelnden Ansprüchen stürzte er vom Thron und stellte den Menschen und seine wahren Bedürfnisse und Sehnsüchte zum Maß jeden Anspruchs hin. Bei alldem strahlte er jene Freiheit aus, die nur dort entstehen kann, wo der Mensch sich nicht selbst zugelastet ist und am permanenten Konflikt zwischen Wollen und Können, zwischen Entwurf und Verwirklichung sich in neurotischem Leistungszwang festbeißt, sondern wo er sich jener Macht der befreienden und schöpferischen Liebe anvertraut, welche Gott heißt. Im Namen dieses Gottes war Jesu Leben, Werk und Wort ein einziger Beweis dafür, daß die Welt nicht so ist, wie sie sein soll, daß die Ordnung des Bestehenden verflüssigt werden kann und muß auf ein Reich der Freiheit und Brüderlichkeit hin, in welchem die Liebe, deren Grund und Ziel Gott selbst ist, die Bezüge aller Wirklichkeit bestimmt.

Er nun, der anderen Hoffnung gemacht hat, stirbt den erbärmlichen, den banalen Tod am Kreuz.

Alles ist aus; das Gesetz hat gesiegt; die etablierten Mächte sehen spottend dem Todeskampf zu; die Freiheit ist von einem der Seinen verraten worden; der Wortführer seiner Anhänger verleugnet ihn, um seine Haut zu retten; die Jünger setzen auf Nummer Sicher und fliehen. Alles ist aus. Die Hoffnung ist tot, so tot und sicher und unweigerlich wie der steinerne Felsbrocken, der sein Grab verschließt.

Und da geschieht das Unerhörte, das völlig unerwartbar und unableitbar Neue. Alles, was am Kreuz zu Ende zu sein schien, das fängt nun erst eigentlich richtig an: Mobilisiert von einer grenzenlosen Hoffnung, bezeugen Menschen überallhin mit unerhörter Durchschlagskraft die befreiende Botschaft Christi: Sie sprechen allem Vergeblichen und Vergänglichen Hoffnung zu, sie verkünden Brüderlichkeit und Liebe, sie werben für Versöhnung und Vergebung, sie proklamieren Freiheit vom Gesetz und von knechtenden Mächten. Nur noch *ein* Herr hat Geltung, der kyrios Christos, aber dieser »Herr« verwirklicht sein Herr-Sein in der radikalen Hingabe für die anderen. »Das Alte ist vergangen, Neues ist geworden«, so heißt der österliche Ruf. Und in diesem jetzt schon angebrochenen Neuen zeigt sich in äußerster Zukunftsperspektive das Bild einer einmal ganz und gar von Gott erneuerten Welt. Getroffen von dieser Botschaft bilden sich Gemeinden, die sich am neuen normativen Leitbild des Menschen, das in Christus offenbar wurde, orientieren – Gemeinden, von denen es heißt, daß alle ein Herz und eine Seele sind, daß sie alles gemeinsam haben und keiner Not zu leiden braucht – Gemeinden, in denen Freiheit und Freude herrschen, in denen einer des andern Last trägt und einer des andern Sprache versteht – Gemeinden, in denen der Herr wirkmächtig weiterlebt und wo die Hoffnung lebendig ist.

Das ist Ostern: Ursprung jener verändernden, befreienden, zukunftseröffnenden Dynamik, die den Menschen aufruft, die entfremdenden Zwänge des Alten, Bekannten und Vergangenen zu beseitigen und sich entschlossen einzusetzen für eine neue Welt der Versöhnung, die bestimmt ist von Brüderlichkeit und Liebe, von Gerechtigkeit und Freiheit, von Friede und Freude. Diese Botschaft von Ostern ist seither aus der Geschichte nicht mehr wegzudenken. Mag sie auch noch so oft von den Christen selbst desavouiert worden sein, immer auch hat sie neu Menschen ergriffen, die Geschichte dieser Hoffnung voranzutreiben. Als »gefährliche Erinnerung« ist sie auch heute überall da wirksam, wo Menschen sich nicht abfinden mit der Grabesruhe jener Verhältnisse, die unter Vorgabe von Unabänderlichkeit, von sogenannter »ewiger Ordnung« und absichernder Vorsicht Herrschaft von Menschen über Menschen aufrichten – durch das Gesetz die Freiheit ersticken –, durch die Macht der nur sich selbst suchenden Eigeninteressen Gerechtigkeit und menschliche Solidarität verraten. Hier erhebt der österliche Ruf: Christos kyrios, Christus ist Herr, schärfsten Einspruch. Er wird zum provozierenden Ruf nach Brüderlichkeit, Freiheit und Frieden, zum Ruf, der das bestehende Alte verflüssigt und den Hörer in leidenschaftlicher Hoffnung auf die in Christus eröffnete neue Zukunft der Menschheit ausrichtet.

Wie weit geht diese Hoffnung? – Oder ist die Frage falsch gestellt? Darf Hoffnung überhaupt Grenzen ziehen? Gehört es nicht zur Hoffnung, daß sie sich nicht an der Welt der Erfahrung, des objektiv Gegebenen, des immer schon so Seienden und so Bleibenden orientiert, sondern daß sie es wagt, Unmögliches zu erhoffen? Christliche Hoffnung ist radikalste Hoffnung, sie zielt auf »Unmögliches«. Sicher, eine Hoffnung, die sich richtet auf eine Welt, in der es immer Menschen geben wird, die das Gegebene nicht hinnehmen und in schöpferischer Phantasie das Bestehende umzuwandeln suchen auf eine Welt hin, in der sich mehr zu leben lohnt – eine solche Hoffnung ist groß, und doch zu klein, ist imposant und doch zu bescheiden. Denn was geschieht mit jenen, die in der Vergeblichkeit enden und geendet sind, mit jenen, die der stets bruchstückhaft bleibende menschliche Einsatz nicht frei machen konnte, mit jenen, die verstrickt sind in Gewalten, deren der Mensch nicht Herr ist und niemals ganz Herr sein wird, da das, was wir Natur und natürliche Gewalten nennen, in ihrer Übermacht menschliches Vermögen immer wieder neu als zutiefst ohnmächtig erweisen? Mag auch der Mensch ohne Utopien und übermenschliche Ziele nicht leben und schaffen können, so gehört es doch auch zur gebotenen Nüchternheit, zu sehen, daß überall da, wo der Mensch meint, wiederum ein

Stück der Wirklichkeit zu beherrschen, er zutiefst gedemütigt wird und die ihm stets entgleitende Übermacht des Widerständigen erfährt. Mehr noch: Gerade da, wo er der Welt sein Bild, das Bild seiner Hoffnungen und Sehnsüchte aufgedrückt hat, tritt ihm oft genug wider alle Hoffnung nicht »Heimat«, sondern ein neuer entfremdender Kosmos entgegen, der kaum zu durchschauen und in den Griff zu bekommen ist. Da ist die irrationale Zwangsläufigkeit seiner Zivilisation mit einer Fülle von technischen, wirtschaftlichen und politischen Prozessen, die ihm über den Kopf wachsen. Da sind die Mechanismen der Bürokratie, Technologie und Ökonomie, deren manipulatorischer Kraft sich keiner ganz entziehen kann. Als Zeichen dieser unaufhebbar bleibenden Grundentfremdung des Menschen in der Welt mag man den Tod sehen, Signum letzter Ohnmacht, Unfreiheit, Vereinzelung und Irrationalität. Hat hier die Hoffnung aufzugeben? Hat sie hier ihre Schranke? Hat sich hier die schwierige Weisheit des »absurden Denkens« zu bewähren, von dem Albert Camus sagt: »›Für nichts‹ arbeiten und schaffen . . . wissen, daß sein Werk keine Zukunft hat, sein Werk in einem Tage zerstört sehen und wissen, daß das im Grunde nicht wichtiger ist, als für Jahrhunderte zu bauen«? Kann die Hoffnung nur um den Preis einer letzten Hoffnungslosigkeit wachgehalten werden, die nicht nur mich betrifft, sondern auch die menschliche Gemeinschaft, für die ich schaffe, wie der Marxist Vitezslav Gardavský glaubt? Freilich ist es »besser, eine Kerze aufzustecken, als über die Dunkelheit zu klagen«, so sagt ein chinesisches Sprichwort. Aber werden es immer nur Kerzen sein, gegen die sich die massive Macht der Dunkelheit stets neu behauptet?
Österliche Hoffnung, die christliche Auferstehungsbotschaft, macht vor dieser Grenze nicht halt. Sie hofft, daß nichts vergeblich, nichts übermächtig, gar nichts umsonst sei. Christliche Hoffnung ist die schrankenlose Infragestellung des Alten, Bekannten, des uns Selbstverständlichen und Vertrauten. Auferstehung Jesu heißt nicht nur: die *Sache* Jesu geht weiter, indem sie Menschen erfaßt, die in einer immer widerständig bleibenden Welt versuchen, unter den stets vorläufigen und widersprüchlichen Bedingungen der Geschichte das Reich der Freiheit im Vorschein und Fragment zu erbauen. Nein: Osterglaube riskiert die mißverständliche und anstößige Hoffnung: *Er selbst* ist auferstanden, und darum werden auch wir, wir alle, unsere Welt auferstehen.

Mißverständlich ist diese Hoffnung, weil sie sich immer dem Vorwurf auszusetzen hat, eben solcher Glaube gebe die uns überantwortete Welt auf und setze auf ein mirakulös-mystisches Jenseits; und anstößig ist diese Hoffnung, weil sie das Unmögliche für möglich erklärt.

Doch der erste Vorwurf trifft nicht zu: Auferstehung heißt nicht Auszug aus dem Diesseits in ein Jenseits, heißt nicht Auswandern einer leiblosen Seele in ein mystisches Sein-bei-Gott, bedeutet auch kein mirakulöses Geschehen an Sehnen, Muskeln und Knochen des verwesten Leibes. Auferstehungshoffnung heißt vielmehr: Wir selbst in der Totalität unseres Menschseins und diese unsere Welt, in der wir gelebt und an der wir geschafft haben, sind unter das Licht einer umstürzenden, alles Bekannte, Sichere und uns Geläufige aufhebenden Verheißung gestellt, die wir als das radikal Neue eben nicht mit den vergänglich-vergeblichen Begriffen, Vorstellungen und Strukturen unserer Wirklichkeit zu beschreiben und zu erfassen vermögen, sondern die wir als das ganz und gar Neue nur von weitem erahnen können. Letztlich vermag solche Hoffnung nur zu stammeln: Nichts wird umsonst sein: keine Träne umsonst geweint, kein Handgriff vergeblich getan, kein Leben nutzlos drangesetzt, kein Tod sinnlos gestorben. Alles wird geborgen und endgültig eingebracht in Gottes ewig jungem Leben.

Ist das Mythologie? Wunschdenken? Absurdität? Kann das Unmögliche möglich werden? Christen sagen ja und verweisen auf die Auferstehung Jesu, darauf, daß Menschen, seine Jünger, erlegen in der Ohnmacht des Karfreitags, die Kraft zu solcher Hoffnung geschöpft haben, da sie ihm als lebendigem Herrn begegnet sind und die Realität dieser Begegnung bezeugen durch jenen Prozeß universaler Sendung und Hoffnungsdynamik, von dem schon die Rede war.

Freilich: Hier werden sich die Wege scheiden. Die einen werden ihr »Christ ist erstanden« singen, und die anderen müde abwinken. Und doch ist es wichtig zu sehen, um was es bei dieser Scheidung des Weges geht: Nicht eigentlich und letztlich darum, daß Glaube gegen Glaube, Überzeugung gegen Überzeugung steht, sondern daß Hoffnung gegen Hoffnung, radikalste Hoffnung gegen partikulare Hoffnung streitet. Und der Streit dieser Hoffnungen wird nicht in der Diskussion, in der ewig unentscheidbaren Dauerreflexion entschieden, sondern im Leben, Tun und Handeln auf Zukunft hin. Das Wagnis des Glaubens und der Hoffnung besteht – wie Joseph Ratzinger einmal sagt – »weniger in der Paradoxie des Verstandes als in dem Vertrauen, das sich auf einen Weg macht, dessen Ziel noch nicht zu sehen ist.« Nur da, wo die äußerste Radikalität der Hoffnung, die angespannteste Geduld und ungeduldigste Erwartung, wie sie der christliche Osterglaube auszulösen vermag, auch den äußersten und radikalsten Einsatz wagt, wo die Hände schmutzig werden im Dienst an der Umgestaltung der Welt, wo das Überholte und Veraltete in Frage gestellt und die Bereitschaft zu stetem Neubeginn gegeben ist, nur da kann christliche Hoffnung sich auch bewähren und ihre Realität, ihre Wirklichkeit, erweisen. Nur da, wo Christen in ihrem Leben und Handeln jetzt schon schöpferisch und erfinderisch die verheißene Welt der Auferstehung, die Welt allumfassender Freiheit, Brüderlichkeit und Liebe unter den Bedingungen der Geschichte vorwegentwerfen, vermögen sie auch glaubhaft zu machen, daß ihr Glaube, ihre Hoffnung und ihre Liebe herkommen und geleitet werden von einer undenklichen Kraft und hinzielen auf eine Macht absoluter Zukunft: die ist der Gott Abrahams, Isaaks und Jakobs, der Gott der Geschichte, der ein Gott der Lebenden und nicht der Toten ist, dem christliche Hoffnung zutraut, daß er das Unmögliche möglich machen kann, gestern, heute und in Zukunft.

Quasimodogeniti — Apostelgeschichte 3,1–16

Dorothea Margenfeld — Lied gegen den Tod

In dieser Geschichte hat alles seine Ordnung, liebe Gemeinde. Die nachmittägliche Gebetszeit, der Weg der beiden Männer hinauf zum Tempel, durch den Vorhof der Heiden ans »Schöne Tor«, hinter dem dann erst noch der Vorhof der Frauen liegt, und dann der eigentliche Tempel.

Alles hat seine Ordnung, auch die dreizehn Opferstöcke vor dem Tor, die aussehen wie Trompeten mit ihren nach oben geöffneten Trichtern, in die gewohnheitsmäßig jeder, der vorbeigeht, seine Münze wirft. Dann wird dieser lahme Mann gebracht, auch das ist in Ordnung und geschieht alle Tage. Er ist so eine Art weiterer Opferstock, wie er da sitzt und die Hand oder den Hut hinhält und darauf wartet, daß Menschen ihr schlechtes Gewissen mit Almosen beruhigen. Er schaut höchstens auf, wenn ein größerer Batzen auf die kleinen Klimpermünzen fällt. Aber wer will schon sein müdes, stumpfes Gesicht sehen?

Sicher hat der Mann einen Namen. Aber ob ihn jemand kennt? Ob sich jemand darum kümmert, wo er wohnt? Und ob man ihm vielleicht hätte helfen können, früher oder auch jetzt noch? Wer sind die Leute, die ihn herbringen? Verdienen sie an ihm? Oder sind es wirkliche Freunde, die nur keinen andern Weg für ihn sehen, als daß er sein Dasein eben mit Almosen fristet?

Es wird schon alles seine Ordnung haben: Die einen sind krank und arm, Gott weiß warum, und die andern sind reich und gesund und haben immer noch ein bißchen Geld übrig. Daß einer sich neben den Mann vor dem Tor hinsetzt und mit ihm spricht, wird freilich selten vorkommen.

Auch mit dem Gebet hat es seine Ordnung: Um Vergebung der Sünden bitten sie (ob sie dabei wohl auch an ihre Gedankenlosigkeit denken?); um Gesundheit bitten sie (vielleicht auch um gute Einfälle, wie man den Krankheiten wehren kann?); um Wohlstand und gute Zeit bitten sie (ob sie dabei auch an die denken, die aus dem Chancengefüge der Gesellschaft ausgesperrt sind?); um das Kommen des Reiches Gottes beten sie (und wissen vielleicht nicht, wie sehr sie ihm manchmal im Wege stehen!).

Alles hat seine Ordnung in dieser Geschichte, und alles ist so, wie es schon immer war, und es ändert sich auch nichts, wenn nicht irgend jemand sich plötzlich nicht mehr abfindet mit dem, was ist. Also damit, daß da ein lahmer, resignierter, unnützer Mann Tag für Tag an dem »Schönen Tor« liegt – bloß noch ein Opferstock, Almosenempfänger auf Lebenszeit.

Uns bleibt so ein Anblick am Sonntagmorgen zumeist erspart, liebe Gemeinde. Wir werden nicht so Auge in Auge konfrontiert mit der elenden Traurigkeit der Welt. Mag sein, wenn wir statt hierher in die Leonhardskirche gegangen wären, dann hätten wir schnell einen Bogen gemacht um den Mann, der aus einer Kneipe torkelte, und wir hätten vom Mesner dort vielleicht erfahren, daß er vor dem Gottesdienst wieder einmal eine Frau aus der Kirche hinausgeführt hat, die dort übernachtete, weil sie nicht mehr wußte, wo sonst hingehen.
Aber ich möchte, daß wir heute morgen noch einen anderen Gang miteinander machen, daß wir nämlich durch die Straßen von Guatemala-City gehen. Der kleine Viereinhalbmillionenstaat ist uns in dieser Woche plötzlich unheimlich nahegerückt, Zeitung, Rundfunk und Fernsehen haben ihn uns sozusagen direkt vor die eigene Tür gesetzt.
In Guatemala ist nicht alles in Ordnung. Auch wenn dort gerade kein Mord und keine Entführung passiert, herrscht eine Atmosphäre der Unsicherheit und der Gewalt. Es gibt da zu viele Polizisten an den Ecken, zu viele Soldaten, zu viele Streifenwagen, die an den Straßenrändern bereitstehen.
Tagsüber herrscht auf der 6. Straße, die zum Palast des Staatspräsidenten führt, lebhafter Betrieb: prächtige Läden, funkelnde Schilder, viele Autos, ausländische vor allem. Am Rand der Straße aber rufen Analphabeten Schlagzeilen aus von Zeitungen, die sie nicht lesen können; Schuhputzer reiben den ganzen heißen Tag hindurch Schuhe blank und verdienen damit nicht so viel, daß sie sich selber ein Paar kaufen können; barfüßige, ausgehungerte Frauen bieten Obst und Brötchen an. Wenn die Kälte der Nacht von den Bergen sickert, deckt die Indianerin ihre drei Kinder mit alten Zeitungen zu und mit den Kindern auch ihre Ware: Zuckerwerk, Bonbons und Keks. Sie wird die lange kalte Nacht am Eingang eines Hauses verbringen.
Wir müßten dann freilich auch hinausgehen vor die Stadt, in die Limomada, wo die »Schwarzen Wasser« fließen. Es gibt keine Straße dorthin, nur einen staubigen Pfad. Kein Taxi fährt in diese traurige Hölle der ewig Hungernden. Es sind natürlich viele Kinder dort, eine wilde schmutzige Legion. Auch eine Schule gibt es. Etwa vierzig Kinder sitzen auf dem Fußboden der Hütte. Die junge Lehrerin ist eigentlich bloß da, weil sie nirgends sonst eine Stelle bekommen hat – ohne Beziehungen ist das in Guatemala aussichtslos. Die Kinder lernen, aber es wird ihnen am Ende nicht viel helfen, daß sie lesen und schreiben können, wenn es nachher doch keine Arbeit für sie gibt. Alle Versuche der Slumbereinigung stoßen ins Leere, solange keine wirklichen Arbeits- und Aufstiegschancen geschaffen werden können.
Es hat nicht viele Fortschritte gegeben in den letzten Jahren, nicht viel Refor-

men. Außer vielleicht, daß die Abgeordneten des Parlaments eine monatliche Aufbesserung von 350 Quetzalen erhielten – das ist mehr, als ein Landarbeiter in einem ganzen Jahr zu sehen bekommt. Die Reichen werden reicher, aber die Armen immer noch ärmer.
54% der Guatemalteken sind Indios, 36% Mestizen, 10% Weiße. Über 70% sind Analphabeten. Es wird keine Ruhe und keinen Frieden in Guatemala geben, solange zwei Drittel der Bevölkerung als minderwertig gelten und behandelt werden.
Zwei Reformpräsidenten haben vor 1954 versucht, den Einfluß des »Grünen Papstes«, der allmächtigen amerikanischen »United Fruit Company«, zurückzudrängen. Sie verteilten brachliegendes Land, leiteten eine Alphabetisierungskampagne ein, riefen Arbeitervereinigungen ins Leben, förderten die Industrie. Auf Betreiben der »United Fruit Company«, in deren Aufsichtsrat auch John Foster Dulles saß, intervenierten die USA und unterstützten den Militärputsch eines Obersten. Die Reformpräsidenten mußten ins Exil, Militärdiktaturen wechseln sich seither ab, das Land macht wirtschaftliche und soziale Rückschritte.
1967 sagte Präsident Johnson: »Vergeßt das eine nicht. Wir sind ganze 200 Millionen. Fast drei Milliarden stehen uns gegegnüber. Sie wollen das haben, was wir haben. Aber sie werden es nicht kriegen – nicht von uns.«
Die United Fruit Company ist der größte Grundbesitzer Guatemalas, sie erwirtschaftet jährlich Gewinne bis zu 70% ihres Aktienkapitals. Die Landarbeiter aber bekommen weiter Almosen: nämlich winzige Stücke Land aus Regierungsbesitz, die kaum für den eigenen Bedarf ausreichen, die zwar arbeitsintensiv, aber unproduktiv sind und die Landarbeiter zu fortdauernder Unmündigkeit und Abhängigkeit verurteilen. Es ist einfach nicht wahr, daß alle diese Menschen faul sind und nicht lernen und nicht arbeiten wollen. Aber sie sind durch die Ausweglosigkeit ihrer Situation wie gelähmt, sie haben keine Hoffnung mehr, daß sie jemals auf eigenen Beinen stehen werden. So liegen sie vor den Türen der Reichen herum, träg, schmutzig, stumpf, oft kriminell und, wo sie sich zusammentun und einen Führer und eine Idee haben, fanatisch revolutionär. »Die einzige Lösung ist der bewaffnete Kampf«, sagen die Befreiungsrebellen der FAR, und je verzweifelter ihr Kampf wird, um so terroristischer werden ihre Methoden. Die rechtsradikalen, von der Regierung gedeckten Gruppen wie etwa die »Weiße Hand« schüren an diesem Terror noch kräftig mit.
»Man muß an diesen Verbrechern ein Exempel statuieren«, sagte vorgestern ein über die Entführung des deutschen Botschafters empörter Rundfunkkommentator. Das klingt angesichts der wirklichen Situation ahnungslos und zy-

nisch. Sind denn nur die Verbrecher, die einen Botschafter entführen, und nicht auch die, die solche Verzweiflungstaten heraufbeschwören? Durch Gleichgültigkeit, durch die Verteidigung ihrer persönlichen und wirtschaftlichen Interessen, durch sogenannte Staatsräson oder was immer? Auch wer Menschen langsam sterben läßt, ist ein Mörder. Und selbst wenn diese verzweifelten Partisanen der Hoffnung und der Gewalt unsere Zustimmung nicht haben können, so haben sie doch ein Recht darauf, daß wir wenigstens ihre Situation zu begreifen versuchen.

Sie fragen sich vielleicht schon lange, liebe Gemeinde, ob denn das alles wirklich in einer Predigt gesagt werden muß. Ich meine, ja. Wir müssen wenigstens von Zeit zu Zeit einmal den gelähmten Mann vor unsern schönen Türen wirklich sehen. Er ist nur einer von vielen, und es ist weiß Gott schwer, etwas für ihn zu tun. Aber schon damit wäre viel gewonnen, wenn wir blinden und selber lahmen Leute aus der reichen, christlichen Welt einsichtiger und nachdenklicher würden und vielleicht auch mutiger. Denn heute werden in der Welt Menschen gebraucht, die den Mut haben, noch an Wunder zu glauben, und sie auch tun.

Damit sind wir nun wieder bei unserer Ausgangsgeschichte, und ich lese weiter, was da vor dem Tempel in Jerusalem geschah: . . .

»Sieh uns an!« sagt Petrus. Das ist die Wende, wenn man einander anschaut. Da hört das bequeme Mitleid, die geringschätzige Herablassung, die Gleichgültigkeit auf. Da besteht der andere nicht mehr bloß aus lahmen Beinen und einem alten Hut, sondern er bekommt ein Gesicht, er ist wieder jemand, mit dem man redet. Mitmenschlichkeit, das ist zuallererst Achtung vor dem andern.

Das ist freilich viel schwerer, als es klingt. Da steht am Sonntagmorgen irgendein Mann vor der Glastür, hat noch den Geruch der Nordbahnhofstraße an sich, erzählt irgendeine Geschichte vom Gefängnis und von der Stelle, die er am Montag bekommt, oder von der Magenoperation, die er hinter sich hat. Er möchte etwas Warmes zu trinken. Es kostet Überwindung, ihn anzusehen und ihm zuzuhören, noch mehr, ihn hereinzubitten und an den Tisch zu setzen und dann mit ihm zu reden – nicht so, daß es wie ein peinliches Verhör wird, sondern viel verständlicher, menschlicher –, so wie man eben mit einem fremden Gast redet, den man ein bißchen kennenlernen möchte. Der Mann wollte kein Geld, als er ging. Und vielleicht war das bißchen zurückgewonnener Selbstachtung viel wichtiger als der warme Kaffee. Er stand wieder ein wenig fester auf seinen Füßen, vielleicht. Wenn ich an diesen Mann denke, dann fallen mir freilich auch die vielen anderen ein, die ich unter der Tür wieder fortgeschickt habe, ärgerlich und ohne Hilfe. Oder denen ich in momentanem Mitleid und um sie loszuwer-

den ein Geldstück hingestreckt habe, um mir dann schnell die Hände zu waschen, obwohl ich die Hand des andern nicht einmal berührt habe. Aber vielleicht kam mir auch das Geld plötzlich schmutzig vor, mit dem ich ihn abspeiste.
Neulich las ich eine Statistik aus Nordrhein-Westfalen: 56,1% der Obdachlosen seien eindeutig ohne eigenes Verschulden obdachlos geworden. Das wird wohl in Stuttgart nicht anders sein.
Wer also sagt, auch bei uns gebe es soziale Probleme, nicht bloß in Guatemala, nicht bloß in den Entwicklungsländern, der hat natürlich recht. Nur – das entschuldigt nicht unsere Gleichgültigkeit oder unsere Resignation. Es geht ums Sehen. Solange wir blind sind und vorbeilaufen, kommt niemand wieder auf die Füße, weder dort noch hier.
Der Mann vor der »Schönen Tür« des Tempels erwartete nur das Übliche: Geld. Wie der Bettler vor der Tür. Wie manche der Entwicklungsländer, die noch nicht begreifen, daß Analysen und Strukturmaßnahmen und Planung und eigene Initiative wichtiger sind als DM und Dollar.
Der Mann neben den Opferstöcken rechnet mit keinem Wunder, jedenfalls nicht mit dem, daß er wieder auf die Füße kommt. Er ist an Almosen gewöhnt. In diesem Augenblick aber verrät und verleugnet Petrus seinen Herrn nicht, sondern er riskiert etwas in seinem Namen. Er riskiert es, im Namen Jesu an ein Wunder zu glauben, und er mutet dem andern denselben Glauben zu und fürchtet nicht, daß er mit ihm zusammen enttäuscht wird.
Manchmal denke ich, daß dies in unserer äußerlich so geschäftigen und innerlich so müd und lahm gewordenen Gesellschaft vielleicht am allermeisten fehlt: Leute, die sich nicht abfinden, weil sie noch an Wunder glauben, und die sie, weil sie daran glauben, einfach tun.
Der Lahme springt auf, steht auf seinen Füßen, läuft hin und her und lobt Gott und geht mit Petrus und Johannes hinein in den Tempel. Und die Leute stehen da und staunen und sind irritiert, wie so etwas überhaupt sein kann – da war doch gar keine Hoffnung mehr, der Mann war doch schon immer lahm! –, und sie umringen die drei und wollen wissen, woher dieser Petrus den Mut und die Fähigkeit hat, so etwas Unmögliches zu tun. Da hat der Apostel nun auf einmal aufmerksame, neugierige Hörer für seine Predigt (V.12–16) . . .

Ostern also hat sich vor den Augen dieser Leute wiederholt. Es ist einer wieder auf die Füße gekommen und ist nun wie neu geboren und war doch schon von Geburt lahm und unheilbar und für jeden so gut wie tot.
Ostern hat sich wiederholt, weil da einer im Namen Jesu glaubte, daß es kein

unabänderliches Schicksal gibt und daß nicht alles so bleiben muß, wie es ist. Und daß eben nicht alles seine Ordnung hat, solange Menschen übersehen, vernachlässigt oder bloß notdürftig mit Almosen versorgt werden.
Ostern, das ist ein Lied gegen den Tod. Wir müssen es in unserer Welt heute lernen, Vers für Vers. Vielleicht in der Richtung, die ein moderner Protestsong angibt:
Auferstanden bist du – ich glaube nicht mehr, daß Waffen uns helfen.
Die Panzer müssen verrotten am Wege.
Auferstanden bist du – ich glaube nicht mehr, daß Welten uns trennen vom Schrei des Kindes, das heute kein Brot fand.
Auferstanden bist du – ich glaube nicht mehr, daß Mörder und Opfer gestrichen werden aus Gottes Gedächtnis.

Unterdessen wurde in Guatemala der Belagerungszustand verhängt, schwerbewaffnetes Militär patrouilliert durch die Straßen, Hubschrauber überfliegen ständig die Stadt, das Ultimatum wurde verlängert, aber Graf von Spreti ist nach wie vor in Lebensgefahr.
Und das Ganze ist ein Kampf der Verzweiflung und der Ausweglosigkeit. Zu viele Osterhoffnungen, zu viele Hoffnungen auf ein verändertes, neues Leben wurden immer wieder enttäuscht. Mir kam gestern das Gedicht eines Guatemalteken in die Hände, überschrieben: »Mein letzter Brief an Gott«.
Seit langen Jahren schon, Herr
schreibe ich dir jeden Tag
Briefe, Briefe und abermals Briefe
mit immer derselben Bitte –
auf Stempelpapier
mit dem Glauben, der Berge versetzt.
Weshalb Herr
trifft nie dein Telegramm ein?
Herr,
dies ist der letzte Brief, den ich dir sende.
Nachdem du mich warten ließest
so lange, beschloß ich
all meine Bitten
zusammenzufassen in einem
kleineren Gebet
das einfacher ist für dich:
»Herr, verleihe mir

immer zufrieden zu sein
mit allen Briefen
auf die du mir
keine Antwort schickst.«
(Hugo Estrada, S. D. B., gekürzt)

Das ist die Sprache der Resignation. Und es ist auch Resignation, wenn die Indianer in Guatemala nach altem Maya-Brauch die grünen Blätter wilder Rosen vor den Altar streuen – zum Zeichen einer nur noch jenseitigen Hoffnung.

Manchmal denke ich, wir selber wären der lahme Mann vor der Tür und es müßte endlich einer kommen, der uns so auf die Füße stellt, daß wir aufspringen und wirklich wie neugeboren sind – Leute mit einem praktischen, mutigen, unbezwinglichen Osterglauben im Namen Jesu.

(Informationen über Guatemala z. T. aus Camilo Castano, Und sei es mit Gewalt)

Gert Otto — Der lachende Jesus

I.

Wir leben mit Bildern. Vielleicht muß man sogar sagen: Wir leben *von* Bildern.

Das ist gefährlich. Max Frisch hat in seinem Tagebuch einmal notiert: »Man macht sich ein Bildnis. Das ist das Lieblose, der Verrat.« Das ist bei Frisch auf die Liebe zwischen zwei Menschen bezogen, auf jene Beziehung, die davon *lebt*, daß der eine dem andern zugesteht: Du *lebst*, also wandelst Du Dich, ich halte Dich nicht fest, ich mache Dich in keinem Bild fest, sondern wir halten die Überraschung des Lebens aus . . .

Also doch ohne Bild leben? Ja, wenn es sich um die Beziehung zwischen gleichzeitig miteinander lebenden Menschen handelt. Noch einmal anders ist es, wenn es sich um eine Beziehung handelt, in der die Partner nicht *unmittelbar* miteinander umgehen können; eine Beziehung zu jemand, der tot ist, auf den wir uns aber lebensvoll beziehen wollen; eine Beziehung also, die Gestalt gewinnen will, muß, obwohl das Gegenüber nicht mit uns an einem Tisch sitzt. Da bedürfen wir der Bilder. Ohne Bilder können wir gar nicht konkret aussagen, wie diese Beziehung lebt. Aber: wo kommen solche Bilder her? Und sind sie – gegen Frischs Notiz – ohne jede Gefahr?

II.

Jesus redet in Bildern. Die Bibel redet in Bildern. Wir haben eines der bekanntesten Beispiele als Evangelium vorhin gehört: die Rede von Hirt und Herde. Jesus der gute Hirte – die Gemeinde die Herde der Schafe. Ein plastisches Bild, leicht vorstellbar und durch die Geschichte von Kunst und Kitsch in vielen Farben gemalt. Wirklich leicht vorstellbar? Für uns heute?

Ich möchte ohne Umschweife und gewiß vorschnell sagen: Dies Bild mag ich gar nicht. Jesus als Hirte bleibt mir ganz fremd. Und als Teil einer Herde, gar als Schäfchen, sehe ich mich gar nicht gern. (Denn hier ist ja anderes gemeint als dies, daß ich nur *mit* anderen und *von* andern leben kann.)

Natürlich, ich weiß: Bilder darf man nicht wörtlich, nicht als die Sache selbst nehmen; sie wollen durchschaut, übertragen werden. Aber das ist es ja gerade: dieses Bildmaterial ist mir dafür zu fremd. Solche Bilder liegen mir nicht nahe, und das wird manchem Zeitgenossen kaum anders gehen.

Damit haben wir eine erste Beobachtung: Es gibt Bilder aus der Tradition, die uns fremd geworden sind, weil sie zu anderer Zeit entstanden, unter anderen Lebensbedingungen entworfen, für andere Menschen mit anderen Erfahrungen gestaltet sind. Sich an solche Bilder zu klammern, sie gar zum Gesetz zu machen – das führt genau in die Gefahr hinein, von der Frisch spricht. Es führt in die Erstarrung, ins Unlebendige. Dann ist das Bild der Tod.

Im Blick auf die Bilder von Jesus in der christlichen Tradition füge ich gleich noch eine Beobachtung an, die nun nicht mehr an das Hirtenbild gebunden ist: Warum eigentlich sind die Bilder von Jesus fast alle so traurig? Alle so schrecklich ernst? Muß das sein? Das glaube ich nicht.

Es gibt eine Kindergeschichte, in der im Bilde genau dies erzählt wird: wie überlieferte Bilder irritieren können und wie man sie durchbrechen, überholen kann. Das ist die Geschichte von Birne, die mit Jesus spricht. Birne ist eine richtige Glühbirne, die alles kann: sprechen, laufen, sich an- und abschalten, alles. Sie kommt in die Kirche und spricht mit Jesus. Birne spricht sehr direkt, und Jesus antwortet auch so, gar nicht heilig, aber so, daß Birne ihn verstehen kann. Es ist eine lange Geschichte. Zum Schluß passiert ein Autounfall. Da fliegt Birne rasch in die Kirche, um Jesus zu Hilfe zu holen. Und dann geht es so weiter: Birne ruft in der Kirche:

»He, Jesus, wir brauchen dich! Draußen liegen Verletzte. Komm herunter von deinem Kreuz!«

»Sofort«, sagt Jesus. »Ich muß mir nur noch die Nägel aus Händen und Füßen ziehen.«

Er macht sich vom Kreuz los und steigt herunter. Birne, die neben ihm herschwebt, zeigt ihm den Weg durch die Unterführung. Auf der Straße stillt er sofort die Wunden der Verletzten. Einen Sterbenden belebt er wieder durch Mund-zu-Mund-Beatmung. Die Neugierigen, die nur zugesehen und nichts getan haben, staunen, wie leicht es diesem Mann aus der Kirche fällt, Verletzten zu helfen.

»Jeder kann helfen«, ruft Jesus. »Ihr müßt nicht staunen, sondern handeln.«

»Jesus, Jesus«, ruft die schöne Frau. »Das ist Jesus! Er ist von seinem Kreuz gestiegen.«

»Jesus, Jesus«, rufen alle.

Sie heben ihn hoch und tragen ihn in die Kirche zurück. Sie können sich nicht vorstellen, daß es Jesus auch außerhalb der Kirche gibt. Als sie ihn wieder ans Kreuz hängen wollen, springt er auf den Altar und ruft:

»Ich will nicht mehr ans Kreuz! Wollt ihr denn immer einen Verletzten als Vorbild? Ich bin wie ihr! Ich will mich freuen und anderen helfen, die in Not sind.«

Und mit einem Sprung steht Jesus zwischen den Zuschauern und geht mit ihnen aus der Kirche. Seitdem wird in Kirchen wieder gelacht, vielleicht sitzt Jesus manchmal auch unter der Gemeinde, auf jeden Fall hängt kein Verletzter mehr am Kreuz. Die Kreuze wurden abgeschafft.

III.

Das ist die Geschichte von Birne. Ob man die Kreuze nun gleich abschaffen soll oder nicht – jedenfalls ist für unsere Frage nach den Bildern hier viel zu lernen. Ich möchte zweierlei hervorheben:

Das Bild Jesu, das hier in Worten gemalt wird, hat seine Mitte darin, daß Jesus die Kirche verläßt. Die Bewegung, die Richtung ist nicht die des uns vertrauten Wortes: »Kommt her zu mir alle« – sondern umgekehrt: Ich komme zu Euch . . . Und die Menschen reagieren darauf so: »Sie heben ihn hoch und tragen ihn in die Kirche zurück. Sie können sich nicht vorstellen, daß es Jesus auch außerhalb der Kirche gibt.«

Warum können sie es sich nicht vorstellen? Weil die Bilder der Tradition, in denen die Menschen Jesus kennengelernt haben, dies nicht zum Ausdruck bringen. So haben die Bilder von Jesus oftmals vergessen lassen, wer er war und wie er verstanden sein will. So kann es geschehen, daß lang überlieferte Bilder, große Bilder, die *Fülle* nicht mehr anschaulich machen, sondern umgekehrt: verkürzen, mißverständlich, unverständlich machen. Leblos machen.

Das zweite: Der Jesus dieser Erzählung, der sich nicht wieder am Kreuz festmachen lassen will, will sich *freuen*, und – so heißt es –: »Seitdem wird in Kirchen wieder *gelacht*.«

Können *wir* uns das vorstellen, daß es selbstverständlich wäre, in der Kirche zu lachen? Oder ist uns die Vielzahl tiefernster, trauriger Bilder von Jesus dabei im Wege? Sind wir vielleicht festgelegt auf den streng fordernden, den still leidenden, den tiefernst uns anblickenden Jesus? Ist vielleicht Frömmigkeit deswegen oft eher süßsauer als kräftig, vital, lebenszugewandt?

Was ergibt sich? Dies: Es mag Bilder aus der Tradition geben, die sich durchhalten lassen. Aber kein Bild wird der Fülle gerecht. Und kein Bild wäre frei von der Gefahr, einseitig festzulegen und damit zu verkürzen, zu entstellen, Mißverständnis, Unverständnis zu produzieren. Darum müssen immer neue Bilder gemacht werden – nicht für die Ewigkeit, sondern für jetzt. Sonst erstarren wir.

IV.

Darum will ich zum Schluß – nicht ein neues fertiges Bild malen, aber ein paar Materialien beisteuern, mit ein paar Strichen in Worten ein neues Bild Jesu an-

fangen zu skizzieren. Und dann mag jeder daran weitermalen, mit den Augen, mit seinem Leben.
Das Bild, bei dessen Entstehung ich helfen möchte, soll zu tun haben mit dem Jesus, der mitten in der Hirtenrede im Johannesevangelium gesagt hat: Ich bin gekommen, damit die Menschen das Leben und volle Genüge, Leben im Überfluß, überschäumendes Leben haben (Joh 10,10).
Wie könnte einer, der solches sagt und verheißt, wie müßte der aussehen? Das ist der *lachende Jesus*.
Darf das sein? Ja, das darf, das *muß* sogar sein! Einer, der uns in die Fülle des Lebens führen will, der muß auch lachen, strahlend, ansteckend lachen können. Lachen, weil er Freude verteilt, weil er Glück fürs Leben voll ausschenken will. Lachen, weil wir doch andere auch zum Lachen befreien sollen.
Der lachende Jesus – das ist der, der will, daß wir gegen Gewalt, gegen Unrecht das Leben so zubereiten, daß wir lachen *können*.
Der lachende Jesus – der will, daß Menschen das Leben einander *ermöglichen*, nicht aber *nehmen*.
Der lachende Jesus – der will, daß wir so leben, daß uns sowenig wie ihm das Lachen *vergehe* . . .
Welch ein Bild: der lachende Jesus, draußen vor den Mauern einer Kirche stehend, die nichts Besseres weiß, als alle Menschen das Lachen zu lehren . . .

Letzte Frage: Ist das ein *neues* Bild? Oder ein altes? Oder ist es eins, das die, die die Erzählungen von Jesus überliefert haben, oder auch spätere, vergessen haben? Weil's ihnen vielleicht nicht gepaßt hat? Oder ist es eines, das eigentlich immer im Hintergrund da war – nur, es ist nie angesehen worden, es ist nicht, wie andere, mit Farben, mit glühenden Farben *ausgemalt* worden? Ob deswegen vielleicht die Kirche bisher die Welt so wenig zu ändern vermochte, obwohl immerfort vom Evangelium die Rede ist? Also fangen wir an – nehmen wir doch *glühende* Farben her und malen mit unserem Leben den lachenden Jesus! Denn wie hieß es doch: Jesus ist gekommen, damit die Menschen überschäumendes Leben haben – *lachendes Leben!*

Himmelfahrt — Matthäus 5,8

Robert Leuenberger

Entscheidung zum Herzen des Menschen

Wo ist der Himmel, in den Jesus aufgefahren ist? Eine Frage, die uns seit Jahren mehr ermüdet als erregt – vornehmlich deshalb, weil sie vielen von uns längst gleichgültig geworden ist. Und doch die Frage dieses heutigen Tages! Vielleicht ist es denn gut, auch für uns Theologen, daß der Auffahrtstag uns zwingt, sich ihr wenigstens einmal im Jahr zu stellen. Wohin also soll Jesus aufgefahren sein? Was soll das für ein Ort sein, da er zur Rechten des Vaters auf dem Throne sitzt?

Es ist noch das mindeste, daß unser modernes Wissen Vorstellungen von einer himmlischen Welt über den Sternen nicht mehr zuläßt. Man hat womöglich in den letzten hundert Jahren zuviel geredet von den Folgen, welche die Wissenschaft für den christlichen Glauben hat – und dabei vergessen, daß es eine Instanz gibt, die gewissenhafter prüft, was dem Glauben zugemutet werden darf: unser Herz. Das Herz, und nicht der wissenschaftliche Verstand ist es, welches einem Jesus nicht zustimmen will, der sich vor zweitausend Jahren wie ein Astronaut über die Erdsphäre hinaus an einen sicheren Ort in den Himmelräumen begeben hätte. Was die Wissenschaft betrifft, so brauchten wir gar nicht so ungläubig zu sein. Übertreffen doch die Wunder, die wir heute von ihr erwarten und die sie auch produziert, alles, was man zuvor der Religion geglaubt hatte oder ihr zu glauben schuldig blieb. Wer weiß, ob unsere Raumforschung nicht eines Tages uralte religiöse Träume der Menschheit verwirklichen wird? Ob sie nicht noch eines Tages auf einen bewohnten Himmelskörper stößt und auf ihm der Menschheit eine neue Zukunft gewinnt – während die alte Erde unbewohnbar geworden sein wird?

Phantasien! Hervorgerufen von einem durch die Wissenschaft verwöhnten – und vielleicht verführten – Verstand. Aber was haben sie mit dem Glauben zu tun? Was soll das Herz anfangen mit einem Jesus, der sich auf einen solchen Planeten begeben hat – während hier unten keiner mit sich selbst zurechtkommt? Unser Herz läßt sich nun einmal nicht trösten durch die Nachricht von einer Fahrt Jesu in die Himmelsräume. Wenn das Herz fest werden soll – sagen wir es mit den Worten unseres Textes: wenn das Herz »Gott schauen« soll, trotz allem, was auf dieser Erde gegen Gott spricht, dann bedarf es einer andern

Nachricht. In der Seligpreisung hat Jesus in der Tat dem Herzen zugesagt, daß es Gott schauen soll: »Selig sind, die reinen Herzens sind; denn sie werden Gott schauen.« Was immer das heißt, Gott schauen – und was das heißt, ein reines Herz haben: mit dem Wort hat Jesus einen andern Himmel ausgerufen als den der Astronauten, aber auch einen andern als den der Mythologen. Da ist der Himmel, sagt Jesus, wo ein Herz Gott schaut – da also, wo ein Herz rein ist. In diesem Wort ist Jesu eigenes Zeugnis enthalten von seiner Himmelfahrt, weil er sich in ihm zu dem Himmel der reinen Herzen entschieden hat. Und das heißt doch wohl, daß Jesus seinen Himmel nicht anderswo ausspannen will als da, wo das Herz des Menschen schlägt und leidet und sich freut. Wenn wir den Himmel schauen wollen, in den Jesus aufgefahren ist, so müssen wir also dem menschlichen Herzen nachdenken.

»Selig sind, die reinen Herzens sind!« Was ist ein reines Herz? Doch ein Herz, das einfach ganz Herz ist. Ist einer unter uns, der in seinem Denken, Fühlen, Handeln ganz Herz ist? Unser Leben und die ganze Welt sähen anders aus, wenn dem so wäre. Und doch hat jeder schon einmal erfahren, was das ist, ein ganzes Herz. Kinder können ein ganzes Herz haben. Darum vermögen sie auch soviel besser als wir Erwachsene zu begreifen, was der Himmel ist. Sie haben ja den Himmel, wenn sie mit ungeteiltem Herzen drin sind in der Seligkeit eines Spiels oder im Königssaal einer schönen Geschichte, der sie mit ganzem Herzen zuhören, oder auch bei einem Menschen, einem Tier, einem Ding, das sie aus ganzem Herzen gern haben. Ihrer ist das Himmelreich! – sagt Jesus. Aber wir haben das ganze Herz auch anderswo. Vielleicht da, wo wir einmal, vor Jahren, aus einem Angst- und Fiebertraum erwacht sind. Da stand jemand bei uns. Die Mutter oder unsere Frau. Der eine Mensch, der in dieser Stunde nichts sein wollte als das Herz, das für uns da ist. – Oder hat einer schon einmal das ganze Herz in sich selbst gespürt? Als er der Versuchung widerstand, auszuweichen in irgendeine Feigheit und einen faulen Kompromiß – und er plötzlich wußte: ich darf nicht ausweichen und nicht schweigen. Ich muß Wahrheit bekennen, wenn einmal in diesem Leben, dann jetzt und hier. Und dann erfuhr er in sich selbst, wie das Herz aufstand und rein und ganz war. Vielleicht nur einen kurzen, viel zu kurzen Augenblick. Dann redete statt des reinen Herzens wieder der kluge Mund. Und das Herz wurde zum Schweigen gebracht und lernte, als halbes Herz halbe Wahrheit zu sagen. Die traurige Geschichte des menschlichen Herzens! Darum gibt es so viele alte Herzen unter uns und so viele tote Herzen. Denn wo das Herz halb wird, da verliert es nicht nur seine Reinheit, sondern seine Jugend – und zuletzt sich selbst. Und darum gibt es so wenig Mut, einen guten Entschluß in Gottes Namen durchzufechten bis ans Ende, ohne zuvor zu fragen, ob dies die Niederlage bringen wird oder den Erfolg. Und gibt es so wenig Mut, auch zu einem Schmerz einmal in Gottes Namen zu stehen und ihn auszuhalten bis in die Tiefe, bis dahin, wo er fruchtbar wird und unser Leben erneuert. Und auch das: darum gibt es so wenig Mut, einmal ja zu sagen zu einer Freude. Mit ganzem Herzen dabeizusein bei Menschen, die sich Zeit nehmen: nur einen Abend lang, nur während der Mahlzeit mittags zu Hause. Dabeizusein mit dem Herzen, das sich freut, ohne vor den Nervositäten des Tages zu kapitulieren.

Warum ist dies so, daß wir alle halben Herzens leben? In halben Taten, in halben Gedanken, in halber Liebe, in halben Schmerzen und halben Freuden? Liegt der Grund nicht in der Erfahrung, daß sich noch selten jemand ganz zu uns entschieden hat? Ganz sein kann nur, wer ein Herz erfährt, das sich zu ihm entschieden hat und das den Blick in die Tiefe aushält. Fragt die Liebenden! Das ist doch das Geheimnis der Liebe, daß ein jedes weiß, wie das Herz des andern sich zu ihm entschieden hat und darum in die Tiefe schaut: nicht nur so, wie man schon selbst von sich weiß, sondern als das schöpferische Herz, durch welches das eigene, das vom andern geliebte Herz neu wird. Bis auch hier die Alltäglichkeiten beginnen, bis die Liebe zur Gewohnheit wird und die Herzen sich wieder zurückziehen, weil es ja nun einmal nicht anders geht: in den Ehrgeiz des Berufs oder einfach in sich selbst, in die eigene Eitelkeit und Trägheit. Und hier, genau hier ist der Ort, an dem alle Tragödien auf der Welt ihren Ursprung haben: da, wo ein Herz das andere sich selbst überläßt, wo die verweigerte Liebe dem andern die tödliche Verwundung zufügt. – Man weiß von den Strafgefangenen, daß viele von ihnen den ersten Gang nach der Entlassung in die dunklen Quartiere unserer Stadt lenken, ins Zürcher Niederdorf, zu den Dirnen. Nicht aus Triebhaftigkeit, wie wir unbescholtenen Pharisäer ihnen dann nachsagen, sondern einfach aus dem Verlangen, nach den Monaten oder Jahren der Erniedrigung einen Menschen zu haben, der ihnen für eine Stunde Liebe schenkt, der ihnen das Herz zuwendet, das reine Herz, damit sie in ihm geborgen sind. Um dann wieder zu erfahren, wie es wirklich um sie steht: daß es das Herz, das ganz ja sagt zu ihnen, nicht gibt und in ihrem Leben noch nie gegeben hat. Ist das nicht eine furchtbare Erfahrung? Furchtbar, weil an ihr die unheilbare Verwundung nicht nur dieser Menschen, sondern *des* Menschen, und mehr noch: die ganze Schuld der Menschheit an den Tag kommt. Die Schuld der Welt, welche zuwenig Herz zu verschenken hat, die Schuld der herzlosen Welt.

Nur indem wir auf diese Schuld und auf diese Verwundung schauen, verstehen wir, was das heißt, daß Jesus sich nicht zu einem Himmel entschieden hat, der über den Sternen liegt, sondern zum Herzen des Menschen. Darum sein Weg zu den Zöllnern und Dirnen, zu Menschen mit einem gebrochenen Leben und einem gebrochenen Herzen. Darum die Liebe, die er einer Frau gewährt, welche das Öl über ihn ausgießt, damit sie in dieser Tat ihr ganzes, reines Herz wiedergewinnt. Und darum wandelt er bei der Hochzeit zu Kana Wasser in Wein, damit der Tag der Freude ganz sei und kein Herz sich trübe. Damit Himmel sei um die Menschen, die durch ihn die Freude des reinen Herzens erfahren.

Sollten wir nun aber doch unser Thema aus den Augen verloren haben: die Himmelfahrt Jesu? Ich denke, wir haben sehr wohl von der Himmelfahrt Jesu geredet. Himmelfahrt heißt, daß die Entscheidung Jesu zum menschlichen Herzen endgültig geworden ist. Gott selbst hat sich in ihr zum Herzen des Menschen entschieden. Mit der Himmelfahrt ist die Entscheidung einer Liebe gefallen, die nicht aufhört, trotz allem. Und darum gibt es keine Verlassenheit und keine Verwundung, in der sich ein Mensch nicht berufen dürfte auf das Herz Jesu, auf Gottes eigenes Herz. Alle leben aus der Liebe seines Herzens. Sie ist der Himmel, der unser Leben umfaßt hält im Leben und auch noch im Sterben.

Freilich: aus dieser Liebe so zu leben, daß sie das eigene Herz und eine noch so kleine Welt umwandelt und neu erschafft, das ist schwer. Dazu braucht es die Entschlossenheit eines Herzens, das sich selbst zur Liebe entscheidet. Nur das entschiedene, das zu Gott entschiedene Herz wird sehend für die Liebe, aus der es lebt. – In den Vernichtungslagern des letzten Krieges haben Gefangene, wie uns berichtet wird, noch in der Todesstunde Worte des 23. Psalms gebetet: »Der Herr ist mein Hirte, mir wird nichts mangeln.« Es bedurfte einer großen Entschlossenheit des Herzens, in der Stunde umfassender Ohnmacht und umklammert von der Übermacht des Bösen, einzugehen mitsamt seiner Verzweiflung in die Worte eines frommen Psalms. Indem die Menschen aber in diesen Worten ein festes Herz gewannen, haben sie Gott geschaut mitten in der Hölle, waren sie umfangen von dem Himmel, in den Jesus aufgefahren ist, damit er jederzeit an ihrer und an unserer Seite sei.

Himmelfahrt — Markus 16,14–20

Klaus von Mering — Niederfahrt des Himmels

Heute, am Himmelfahrtstag, muß es sich erweisen, ob wir Ostern, ob wir die Auferstehung Jesu begriffen haben oder nicht. Es geht ja heute nicht um ein besonderes Ereignis ›Himmelfahrt‹, über das wir uns nun die Köpfe zu zerbrechen hätten, wie man sich das vorstellen soll. Wir sind überhaupt nicht hier, um uns die Köpfe zu zerbrechen, sondern wir sind hier, um ein Fest zu feiern. Wo der Himmelfahrtstag richtig begangen wird, da werden Menschen fröhlich, da schöpfen sie neuen Mut, da überkommt sie eine große Zuversicht, da vergessen sie, wie ängstlich und unsicher sie eben noch in die Zukunft geblickt haben, in ihre eigene Zukunft und in die Zukunft der Welt. Wo Himmelfahrt richtig gefeiert wird, da wird es als Bestätigung, als Unterstreichung und Erklärung der Osterfreude gefeiert.

Mir scheint, die Schwierigkeiten, die wir mit Himmelfahrt haben, rühren davon, daß wir diese Verklammerung von Ostern und Himmelfahrt nicht sehen oder aus dem Auge verlieren. Wir haben diesen Tag in unserm Denken zu einem selbständigen Ereignis gemacht und stehen nun unentrinnbar – und zumeist hilflos – vor den rein technischen Denkproblemen, die uns Himmelfahrt stellt.

Gewöhnlich wird uns an dieser Stelle – allmählich bereits bis zum Überdruß – die Veränderung des Weltbildes im Laufe der Geschichte vorgehalten. Gewiß: Die Alten haben sich den Himmel als ein Gewölbe über der Erdscheibe vorgestellt. Darum Himmelfahrt als Auffahrt von der Erde zum Himmel. Aber für uns ist der Himmel kein Lokal mehr, von dem wir sagen könnten: Da oder dort ist es. Wir haben gelernt, unsere Erde in den größeren Zusammenhängen von Sonnensystemen zu sehen.

Nur: Das eigentliche Problem ›Himmelfahrt‹ ist dadurch noch nicht gelöst. Ich könnte auch so sagen: Merkwürdigerweise war den Christen damals die Himmelfahrt trotz ihres alten Weltbildes problematisch. Sie dachten sich den Himmel da oben, aber ein fröhliches und ermutigendes Fest wurde ihnen Himmelfahrt dadurch gerade noch nicht. Denn Himmelfahrt für sich betrachtet bedeutet ja den schmerzlichen Abschied von Jesus und die Angst vor dem Alleinsein.

Erst wenn man das alles von Ostern her anschaut, wird Himmelfahrt sinnvoll. Ostern heißt ja: Es kommt etwas total Neues. Es ist aus mit der alten Welt. Sie hat einen dicken Sprung bekommen, der bereits so breit ist, daß das Licht der Gegenwart Gottes zu uns hereinscheint.

Damit ist sowohl einer ganz alten wie einer sehr modernen Weltanschauung verboten, den Himmel irgendwo da oben, irgendwo weit weg zu denken. Sondern dann gilt ja: Der Himmel ist unter uns. Das Reich Gottes ist angebrochen, der Tod ist verschlungen in den Sieg, siehe, ich bin bei euch alle Tage. Himmelfahrt ist also gerade nicht Ende, sondern Anfang, nicht Abschied, sondern Ankunft: Christus hat sein Ziel erreicht: Die neue Welt, die Gott in der Osternacht ins Leben rief, ist nun in Kraft getreten. Es gilt nun nicht mehr nur für die Frauen am Grab: Christus lebt. Es gilt uns allen. Es meint nun nicht mehr Jesus allein: nicht der Tod, sondern das Leben. Es meint uns alle. Nicht mehr allein der Gichtbrüchige darf es hören: Dir sind deine Sünden vergeben. Wir dürfen es alle hören. Es gilt nicht mehr nur dem Zöllner Levi: Steh auf und folge mir nach. Es gilt uns allen. Es passiert nicht mehr allein den elfen: Da sie zu Tische saßen, offenbarte er sich ihnen. Es passiert uns allen bei Brot und Wein.

Vielleicht kann man es in aller Kürze so sagen: Himmelfahrt heißt nicht: Auffahrt Jesu von der Erde in einen fernen Himmel. Sondern: Niederfahrt eines fernen Himmels auf die Erde durch Jesus. Im wahrsten Sinn des Wortes ›Himmelfahrt‹.

Es geht darum am Himmelfahrtstag nicht um Raumfahrt im allgemeinen und Christi Himmelfahrt im besonderen, sondern es geht um die Kirche, um uns: Gehet hin in alle Welt und predigt das Evangelium aller Kreatur. Die Ausbreitung des Evangeliums wird von vielen Menschen noch immer als das etwas merkwürdige Hobby einiger besonderer Abenteurer angesehen. Der tiefste Grund dafür ist, wie mir scheint, eben diese falsche Vorstellung von Himmelfahrt. Denn wenn Himmelfahrt die Abreise Christi aus der Welt bedeutet, dann kann es in der Tat für die Christen nur darum gehen, sich bis zu seiner Wiederkunft die Zeit zu vertreiben. Und die Ausbreitung des Evangeliums wäre dann nur *ein* solcher Zeitvertreib, der sich noch dazu – gelinde gesagt – nur für ganz bestimmte Typen eignet. Wenn aber Himmelfahrt die Niederfahrt des Himmels auf die Erde bedeutet, dann – ja dann geht es wie mit einem Eimer voll Wasser, das man auf die Erde schüttet: Es hat nichts Eiligeres zu tun, als sich nach allen Seiten auszubreiten.

So wird von Himmelfahrt her der ganzen Gemeinde, der ganzen Kirche eine gewaltige Verantwortung auferlegt. Glaube ist jetzt wirklich keine Privatangelegenheit mehr und Mission auch nicht mehr das Spezialvergnügen einiger weniger. Die ganze Kirche, jeder Christ steht unter dem Auftrag, die Nachricht

von Ostern weiterzutragen: Die Nachricht, daß nicht mehr alles beim alten ist, weil die Welt einen lebensgefährlichen Sprung bekommen hat – oder sage ich richtiger: einen todgefährlichen und lebenbringenden Sprung.
Es ist klar, daß das durchaus nicht bedeutet: Im Idealfall muß jeder Christ ein Pastor sein. Himmelfahrt macht uns ja nicht nur zur Aufgabe, eine Botschaft weiterzusagen und bekanntzumachen. Sondern Himmelfahrt mutet es uns zu und hält uns für würdig, die Welt neu zu machen. Gott will den Himmel eben nicht durch Engel auf die Erde bringen oder auch durch einen katastrophalen Weltuntergang, sondern durch uns, durch die Christen.
Darum heißt es hier bezeichnenderweise: Predigt das Evangelium *aller Kreatur*. D.h. ja: Nicht allein die Menschen, sondern die ganze Schöpfung ist das Ziel, das dem Glauben durch Christi Himmelfahrt gesetzt ist.
Vom hl. Franziskus wird erzählt, er habe auf dem Feld den Tieren gepredigt. Nun, bestimmt nicht, um es zur Nachahmung zu empfehlen. Sondern um das sinnbildlich zu verdeutlichen: Der Tod, der zu Ostern besiegt wurde, ist nicht ein besonderer Christustod oder auch nur ein besonderer Menschentod, sondern die Vergänglichkeit alles Geschaffenen.
Darum: Prediget aller Kreatur. Und darum sind damit nicht nur die Pastoren angesprochen. (Obwohl sich – das nur nebenbei – eine Gemeinde sehr ernsthaft nach der Lebendigkeit ihres Glaubens wird fragen müssen, wenn nicht immer wieder junge Menschen aus ihr hervorgehen, die es zu ihrem Beruf machen wollen, Zeugen des Evangeliums zu sein. Das Wasser im Eimer, von dem ich vorhin sprach, ist offenbar gefroren, wenn es beim Ausschütten nicht mehr auseinanderläuft.)
Aber – wie gesagt – die Aufforderung: Prediget! meint nicht nur die beamteten Prediger. Sondern jeder Dienst, der den Sieg Christi über die Vergänglichkeit bezeugt, bekommt seinen Auftrag von Himmelfahrt her.
Die *Kirche* ist *heute* dabei, eine *Diasporakirche*, eine Minderheitskirche zu werden; und es ist darum sicher richtig, die Christen aufzurufen, mutiger und freudiger ihren Glauben zu bekennen. Aber das darf ja nicht so verstanden werden: Weil die Christen heute erschrocken feststellen, daß sie im Verhältnis zur Weltbevölkerung zahlenmäßig weniger werden, müßten sie sich zu dem todesmutigen Entschluß aufraffen, mit neuen Kräften um den Bestand ihres Vereins Kirche zu kämpfen.
Die Sorge um unsere Kirche können wir getrost unserm Herrn überlassen. Wir sollten uns vielmehr um die Welt sorgen. Die Verse eines kommunistischen Arbeiters aus der DDR scheinen mir in diesem Zusammenhang durchaus einer Erwägung wert:

»Ich glaube, sagt der Christ, der Himmel ist Gottes und Stätte des ewigen Lebens. Ich weiß, sagt der Atheist, der Himmel ist unser und offen dem herrschenden Menschen. Ihr mögt, sagt der Kommunist, über den Himmel verschiedener Ansicht sein; doch sorget gemeinsam, daß die Erde nicht werde zur Hölle.«

Wir sollten nicht erschrecken, sondern wir sollten mutig und zuversichtlich werden angesichts der gewaltigen Aufgabe, die uns durch Himmelfahrt gestellt ist. Denn sie ist uns ja nicht darum gegeben, weil wir Christen in so besonderer Weise das Zeug dazu hätten. Sondern allein darum, weil es Gott gefallen hat, durch sein Mensch-gewordenes Wort diese Welt neu zu machen.
Aber so hat es ihm nun gefallen. Und nun liegt die Entscheidung zwischen Tod und Leben, zwischen Himmel und Hölle tatsächlich in den Worten, die wir reden, in dem Zeugnis, das wir alle miteinander der Welt von Jesus Christus geben. ›Wer euch hört, der hört mich! Und wer euch verachtet, der verachtet mich.‹ Es mag uns behagen oder nicht, aber wir können nichts daran ändern: Christus will den Himmel der Auferstehung nicht anders auf die Erde bringen als durch uns, seine Kirche.
Wir werden uns freilich hüten müssen, aus dieser Verantwortung einen falschen Anspruch abzuleiten. Die Kirche des Evangeliums ist nicht Heilsanstalt, nicht Mittlerin zwischen Gott und der Welt. Es heißt ja: Wer da glaubt und getauft wird, der wird selig; wer aber nicht glaubt, der wird verdammt. Die beiden Satzhälften sind bestimmt nicht zufällig ungleich: Dem Glauben und Getauftwerden steht allein das Nichtglauben gegenüber. Außerhalb der Kirche kein Heil, werden wir als Evangelische gerade nicht sagen können.
Vielmehr gründet in dieser Ungleichheit unsere freudige Hoffnung; denn sie weist uns auf den hin, der in unserm Reden und Handeln an der Welt wirkt. Wir unternehmen nicht von uns aus den allerdings wahnsinnigen und hoffnungslosen Versuch, die Welt zu erneuern. Sondern wir sind nur das Wasser, das er ausgießt und durch das er dieser sterbenden Welt die lebenbringenden Nährstoffe zuführt.
Darum ist Himmelfahrt wirklich ein Freudenfest. Denn von hier aus bekommt unser Tun in der Welt Zuversicht und Kraft. Es ist seine Auferstehung, die er in unsere Hände gelegt hat, damit wir sie der Welt bringen. Das ist das eigentliche Wunder der Himmelfahrt!

Walter Dignath
Der Prozeß geht weiter

In einer Himmelfahrtsbetrachtung las ich: »Eine kurze Strecke hebt sich der Herr empor, gleichsam um seinen Aposteln die Freiheit von den Kräften der Natur vorzuführen. Dann umhüllt ihn eine Wolke, die in anschaulicher Weise den staunenden Aposteln begreiflich macht, daß der Leib ihres Meisters zwar noch besteht, aber ihren Augen und Händen und überhaupt jedem Zugriff materieller Kräfte entzogen ist. Er ist nicht mehr räumlich, sondern überräumlich; er ist nicht mehr auf Erden, nicht mehr auf dieser Welt, sondern im Himmel.« Hier hörte ich mit Lesen auf. Denn mir kam Luthers Spott in den Sinn »über den Gaukelhimmel, darin ein gülden Stuhl stehe und Christus neben dem Vater sitze in einer Chorkappe und gülden Krone, gleich wie es die Maler malen« (WA XIII,131).

Wie kann Luther so sprechen? Warum darf so nicht gepredigt werden, wie es jene Betrachtung tut? Bleibt auf diese Weise die Predigt nicht nah beim Text, wie es sich für eine rechte Predigt gehört? Gewiß, sie bliebe beim Buchstaben, aber sie verlöre darüber den Geist, durch den der Buchstabe erst zum Leben, zum Sinn gelangt. Lukas will nämlich durch die Himmelfahrtsgeschichte keine Auskunft über »die göttliche Sphäre eines räumlichen Oberhalb« (H. Braun) geben für solche, die – wie wir – sich darin nicht auskennen. Den Menschen, an welche Lukas denkt, ist vielmehr dieser Gedanke eines göttlichen Oberhalb wohlvertraut. Sie haben davon gehört, wie der König Menelaos bis an die Grenzen der Erde oder wie Romulus durch einen Wirbelsturm von der Erde entrückt wurde. Und aus der Bibel kannten sie die Geschichte von der Himmelfahrt des Henoch oder des Propheten Elia.

Wollen wir also rechte Hörer des Lukas sein, so müssen wir das alles mitbedenken. Dann verliert die Vorstellung einer Himmelfahrt ihre Einzigartigkeit, als ob es dieses unerhörte Wunder *nur* im Neuen Testament gäbe, in bezug auf Jesus. Nein, alle Welt sprach damals von allerlei Himmelfahrten. Und nun kommt Lukas und sagt: Jesus ist gen Himmel gefahren. Lukas hat also eine ursprünglich heidnische Vorstellung genommen und sie auf Jesus angewendet. Sie schien ihm geeignet, in anschaulicher und vertrauter Weise seinen Zeitgenossen anzusagen, welche einzigartige Würde Jesus zukommt: Jesus ist zwar nicht mehr unter uns, aber er ist dennoch gültig. Nichts von überräumlich, nichts von goldener Krone, aber: Jesus ist und bleibt derselbe, gestern, heute

und in Ewigkeit. Himmel und Erde werden vergehen, seine Worte vergehen nicht. Er lebt und herrscht im Wort, das ihn verkündigt.
Darum wollen wir uns nicht faszinieren lassen von dem, was wie eine religiöse Sensation aussieht. Das wäre doch nur dem Papier vergleichbar, das Lukas beschrieben hat. Nun mag ein Papier gewiß mitunter auch besonders auffällig, besonders bunt, besonders ungewöhnlich sein. Aber man wird sich nicht allzulange bei der Verwunderung über seine Eigentümlichkeit aufhalten, sondern man wird sich dem zuwenden, was darauf geschrieben steht. Was *da* auffällig ist, das ist allemal das, worauf es ankommt. Und da fällt nun eben zweierlei auf: nämlich das Nein, das den Jüngern zuerst aus dem Munde Jesu, und dann das nochmalige Nein, das ihnen aus dem Munde der beiden Engel entgegentönt.
»Es gebührt euch nicht, zu wissen Zeit oder Stunde, welche der Vater in seiner Macht bestimmt hat, sondern ihr werdet die Kraft des heiligen Geistes empfangen und meine Zeugen sein . . .« Das ist das erste Nein. Dieser negative Bescheid bezieht sich auf ein Wissenwollen der Jünger. Sie wollen von Jesus wissen, ob er jetzt, nachdem er seinen Kreuzesweg vollbracht hat, das Reich Israel wieder aufrichten werde, d. h., ob er als »Sproß aus Davids Stamm«, als der Messias (Christus), die Verheißungen der alten Propheten nun werde in Erfüllung gehen lassen und dafür sorgen, daß ein neuer Himmel und eine neue Erde werden. Diese Erwartungen einer neuen, besseren oder gar vollkommenen Welt, frei von Unrecht und Gewalttat, Not und Leid, wie sie in der Bibel ausgesprochen werden, bringen die Sehnsucht der Menschheit aller Zeiten zum Ausdruck.
In bezug auf solche weltweiten Hoffnungen, aber auch auf entsprechende Erwartungen äußerer glücklicher Veränderungen in unserem persönlichen Leben bekommen wir jedoch mit den Jüngern zur Antwort: »Es gebührt euch nicht zu wissen Zeit oder Stunde, welche der Vater in seiner Macht bestimmt hat.« Es wird nicht gesagt: Schlagt euch solche Hoffnungen aus dem Sinn, sie sind unbegründet! Nein, die Hoffnung wird nicht zerschlagen. Aber es heißt: Gott weiß ihre Zeit und Stunde, dabei soll es bleiben. Bei ihm ist solche Hoffnung wohl aufgehoben und in den besten Händen. Unser Wissenwollen wird abgewiesen, aber diese Abweisung ist verbunden mit dem Hinweis auf das Wissen und Vermögen, das Gott sich selber vorbehalten hat. Deshalb ist die Folge dieser Abweisung nicht stumme Resignation. Die Zukunft, die Erfüllung dieser Hoffnungen bringt, bleibt offen, fern und undatiert. Aber eine andere Zukunft, die ganz nahe ist, wird dafür geboten: »Ihr werdet die Kraft des Heiligen Geistes empfangen und meine Zeugen sein.« Die Jünger wollen über ein äußeres Geschehen Auskunft haben. Sie erhalten sie nicht. Sie gehen aber nicht leer aus,

sondern statt dessen wird ihnen zugesagt das innere Geschehen eines vom Geiste Jesu erfüllten und geleiteten Zeugendienstes – bis an die Enden der Erde. Für diese Zukunft wird ihnen Jesu Wort gegeben. So will Lukas die Jünger in der Himmelfahrtsgeschichte haben: nicht als Wissenwollende, Wißbegierige, sondern als solche, die auf ein ihnen nicht zukommendes Wissen verzichten und sich statt dessen von Jesus in Dienst nehmen lassen wollen – so sind die Jünger als Zeugen seiner Himmelfahrt geschildert.

So sind wir gemeint. So sollen wir uns verstehen. Das haben wir zu erwarten: den Geist Jesu, der uns zu seinen Zeugen macht. So innig darauf warten, wie man auf bessere Zeiten wartet – das ist es, was not tut. Das hat die Zusage der Erfüllung. Das allein. Seine Zeugen sein – was ist das? Der Prozeß Jesu geht weiter. Jesus ist noch immer angeklagt in der Welt. Nicht der überräumliche Jesus mit der goldenen Krone, wohl aber der Jesus, der als Anwalt der Verlorenen und der Barmherzigkeit über die Erde ging und dessen Wort und Botschaft nicht verstummt. Er, der die Nähe Gottes als Liebe in Anspruch genommen, sie gelebt hat – er habe nicht recht damit, das wird ihm vorgeworfen. Nun braucht er Zeugen, die bekunden, daß er doch recht hat, eben weil die Liebe recht hat und weil der Glaube recht hat, der dafür Gott in Anspruch nimmt. Die Zeugen braucht er deshalb, weil er ja selber als irdischer Zeuge nicht mehr auftreten kann. »*Ihr*«, sagt Jesus, »*ihr* sollt meine Zeugen sein!« – »Wir können das doch nur, wenn wir an deinem Glauben Anteil hätten«, erwidern wir. »Ja«, sagt er, »diesen Anteil erhaltet ihr. Meinen Geist gebe ich euch, daß ihr in meinem Geiste leben könnt. Dann könnt ihr auch meine Zeugen sein. Stellt euch darauf ein! Das ist euer nächster Schritt, das ist eure Zukunft. So wird die Welt erfahren, daß die Barmherzigkeit ihr wahres Grundgesetz ist.«

Es könnte allerdings sein, daß einige von uns diese Bereitschaft zu solchem Zeugenleben in der Welt nicht aufbringen. Sie sehen darin ein zu großes Risiko, alles auf Jesus zu setzen, auf die Liebe, die sie selber ausüben werden. Sie möchten sich davon dispensieren und sich lieber damit begnügen, sich untätig in frommer Himmelssehnsucht oder im negativen Zweifel – je nachdem – mit dem Wunder der Himmelfahrt Jesu zu befassen. Ihnen gilt das zweite Nein. Wie die Jünger nämlich stehenbleiben und ihrem Herrn in die Wolken nachstarren, treten zwei Engel zu ihnen, die sie tadelnd fragen: »Was steht ihr und starrt gen Himmel?« Sie lassen sich tadeln und ziehen daraus die Folgerung, daß es jetzt für sie Zeit ist, umzukehren von diesem Ort, nach vorwärts (und nicht mehr zum Himmel) zu blicken und sich für die Arbeit zu rüsten, die auf sie als Jünger wartet. So kehren sie vom Ölberg nach Jerusalem zurück, wo sie einmütig mit Beten und Flehen beieinander sind, um alsbald an die Arbeit zu gehen und die durch den Verrat des Judas im Jüngerkreis entstandene Lücke durch Zuwahl zu schließen.

Wenn die Jünger nur gen Himmel gestarrt und sich nicht an die Ausführung ihres Zeugenauftrags in der Welt gemacht hätten, wäre die Geschichte von der Himmelfahrt Jesu, wäre die Proklamation seiner ewigen Gültigkeit niemals aufgekommen und also auch nie bis zu uns gedrungen. Und ebenso hätte unser heutiges Reden von der Königsherrschaft Jesu Christi keinen Sinn, wenn wir dabei darüber spekulieren wollten, was das doch für ein seltsames Wunder sei und wie es dabei einst wohl im einzelnen zugegangen sein möchte. Wir sollen uns vielmehr als Zeugen, die durch ihr praktisches Leben für Jesus aussagen, an die Arbeit schicken lassen. Das fängt immer so an, daß man einmütig beieinander ist. Das ist ja jetzt der Fall, da wir zum Gottesdienst versammelt sind, und gleich beim Abendmahl wird es gewissermaßen noch einmal unterstrichen werden: daß wir dafür vorgesehen sind: Zeugen für Jesus in dieser Welt zu sein, und zwar ganz einfach dadurch, daß wir uns auf seinen Glauben einlassen. Wo das geschieht, da erfüllt sich der Sinn der Zeit, da ist das Reich Gottes im Anbruch, da ist Gott als Liebe im Kommen. Zu solchem Anfang hat Jesus selbst den Grund gelegt. Das will die Geschichte von seiner Himmelfahrt ausdrücken.

Kurt Marti — Heil und Dialog

»Ich mag das Wort ›Heil‹ nicht. Erstens ist es in unserer bernischen Umgangssprache nicht gebräuchlich, ist also Sprache Kanaans. Und zweitens kommt mir dabei das fatale ›Heil Hitler!‹ in den Sinn.« So sagte mir letzthin eine Frau.

Ich gestehe: »Heil« ist auch nicht gerade mein Lieblingswort. Es ist tatsächlich aus unserer gesprochenen Alltagssprache verschwunden. Es kann einen tatsächlich an ›Heil Hitler!‹ oder an das harmlosere, aber doch pathetische ›Heil dir Helvetia‹ unserer früheren Landeshymne erinnern. Auch haftet dem Wort noch immer das erbauliche, wenn auch unbiblische Geschmäcklein von ›Seelenheil‹ an.

Aber das Wort ist schwer zu ersetzen, weil »Heil« in seinem Bedeutungsgehalt sehr vielseitig und vielschichtig ist. Es meint Befreiung von Angst, Vergebung der Schuld, meint das individuelle und kollektive Glück mitmenschlicher Liebe und Solidarität, meint deshalb auch Recht und Gerechtigkeit, meint Menschenrechte und Gemeinschaft, meint ein gutes Gleichgewicht materieller sowie psychischer Bedürfnisse und ihrer Erfüllungen, meint also all das, was etwa der alttestamentliche Begriff »Schalom« umfaßt – die Fülle individuellen und kollektiven Lebens. Dafür steht leider kein zulängliches deutsches Wort zur Verfügung, so daß man trotz allem auf das Wort »Heil« zurückgreifen muß, so auch in unserer Übersetzung des Satzes:

»Und es ist in keinem andern das Heil.«

In keinem andern! Genau das bezeugen Himmelfahrt und Pfingsten: Jesus Christus – er allein! – das Heil!

Lange Zeit haben die Kirchen, in verhängnisvoller Identifikation ihrer eigenen Macht mit derjenigen Christi, sich selber mit dem Heil verwechselt. Diese Verwechslung hat ein überhebliches Sendungsbewußtsein, dieses wiederum Aggressivität und Gewalt zur Folge gehabt. Nach dem Avancement des Christentums zur Staatsreligion versuchten die Kirchen immer wieder, andere mit Gewalt, mit Feuer, Schwert und auch Folter zum »Heil« zu zwingen, von den Kreuzzügen bis zu den kolonialen Eroberungen.

Wenn heute jedoch *eines* klarwerden muß, dann sicher dies: die lange, allzulange Geschichte christlicher Gewalt und aggressiver Überheblichkeit hat mit der Person und Botschaft Jesu nichts zu tun. Diese Geschichte steht nicht im Zeichen des Heiligen, sondern eines höchst unheiligen Geistes, nicht im Zei-

chen pfingstlicher Sendung, sondern anti-pfingstlicher Gewalttat – sei sie physischer oder psychischer Art.
Die Weltmissionskonferenz, die im Januar dieses Jahres in Bangkok stattgefunden hat, gab dem aggressiven Überlegenheitswahn der Christen, zumal der weißen Christen, einen hoffentlich definitiven Abschied. Nicht nur das Lehrer-Schüler-Verhältnis zwischen weißen und farbigen Christen, auch das Lehrer-Schüler-Verhältnis zwischen Christen überhaupt und den Vertretern anderer Weltreligionen und Weltanschauungen – z. B. des Marxismus – ist zu Ende. So wurde in Bangkok gesagt. Zu Ende die Rolle der Christen als Weltbelehrer und Weltenrichter. Zu Ende die Rolle der Nicht-Christen als brave Schüler und Angeklagte. Anfangen müsse nunmehr ein Neues. Anfangen müsse der Dialog. Und wir Christen müßten wieder bereit werden, von anderen Religionen und Weltanschauungen zu lernen. Wir müßten uns in die ungewohnte Rolle des Hörers, des Lernenden einüben. Denn wir seien keineswegs defintive Besitzer der vollen Wahrheit.
So tönte es in Bangkok.
Und in der Tat: müssen wir nicht zugeben, daß z. B. die Buddhisten von jeher gewaltloser dachten und handelten als wir Christen? Und daß sie Jesus darin wohl näher sind als wir?
Müssen wir nicht einräumen, daß Marxisten sich mehr für die Rechte der Unterdrückten eingesetzt haben und noch immer einsetzen als wir Christen?
Müssen wir nicht zugeben, daß sich heute religiöse Bedürfnisse meditativer Art melden, die auf eine seelische Unterernährung durch unsere protestantischen Traditionen schließen lassen und nunmehr Nahrung in fernöstlichen Religionen suchen?
Ich glaube, daß die Weltmissionskonferenz recht hat: die Zeit des Dialogs zwischen den Religionen und Weltanschauungen ist gekommen. Dialog ist freilich nur möglich, wo alle voneinander zu lernen bereit sind und niemand einen Monopolanspruch auf den Besitz der Wahrheit geltend macht.
Wie ist dann aber dieser Satz zu verstehen: »Und es ist in keinem andern das Heil«?
Ich verstehe es so.
Erstens: *Christus* ist das Heil – nicht wir Christen sind es.
Zweitens: das Heil manifestiert sich nicht in einer Lehre, in einem Dogma – es manifestiert sich in einer *Person*, in derjenigen Jesu.
Drittens: weil das Heil nicht Dogma und Lehre, sondern Person ist, ein Du also, kann man es nicht besitzen wie geistige oder materielle Güter. Aber man kann von diesem Heil bewegt, beglückt, inspiriert, erfüllt sein – so wie wir durch

die Begegnung mit einem Du bewegt, beglückt, inspiriert, erfüllt sein können.

Wenn diese Bestimmung einigermaßen zutreffend ist, dann ergibt sich daraus, daß das Heil für uns nicht verfügbar oder verwaltbar ist wie ein Besitztum. Andererseits: wenn Christus das Heil für *alle* Menschen und für die *ganze* Welt ist, dann ist sein Wirkungsradius nicht eingeschränkt auf das historische Christentum, dann steckt in diesem Jesus noch weit mehr, noch weit Größeres, als das historische Christentum bisher hat erkennen und formulieren können. Und dann ist damit zu rechnen, daß uns Christus – das Heil in Person! – auch aus anderen Religionen und Weltanschauungen entgegenkommen könnte. Seine Möglichkeiten sprengen alle Grenzen, die wir ziehen. So verstehe ich jedenfalls die Botschaft der Himmelfahrt. So verstehe ich auch das Pfingstgeschehen. Beides sind Ereignisse, die Grenzen sprengen, Schranken niederlegen und so neue Möglichkeiten und Dimensionen öffnen.

Sind wir jetzt aber nicht im Begriffe, den Satz »Und es ist in keinem andern das Heil« preiszugeben? Ich meine: nein. Im Gegenteil: ich möchte diesen Satz erst recht zum Leuchten bringen.

Sehen wir zum Schluß doch zu, wie Jesus selbst es gehalten hat. Hat er nicht seinen Mitbürgern den barmherzigen Samariter als Beispiel richtigen Handelns, praktizierten Heils vor Augen gestellt? Vom jüdischen Standpunkt aus hatten aber die Samariter die falsche Religion. Die Mitbürger Jesu hielten die samaritanische Religion für so falsch, für so gottwidrig, daß sie mit den Samaritern überhaupt nicht verkehrten, nicht einmal mit ihnen sprachen. Wir können uns kaum vorstellen, wie provokant es wirken mußte, wenn Jesus ausgerechnet einen *Samariter* seinen »rechtgläubigen« Mitbürgern als Vorbild hinstellte. Ähnlich schockierend muß es gewirkt haben, als er mit einer Samariterin ein Gespräch anknüpfte. Schon daß er mit einer Frau sprach, und dann erst recht, daß diese Frau Samariterin war, Vertreterin eines angeblich falschen Glaubens, muß schockierend gewirkt haben. Gerade aber im Gespräch mit dieser Samariterin fällt jenes Wort Jesu, wonach es nicht darauf ankomme, *wo* man Gott anbete – in welchem Tempel, in welcher Kirche, in welcher Religion –, entscheidend sei vielmehr, *wie* man ihn anbete! Denn einzig zähle es, Gott »im Geist und in der Wahrheit anzubeten«.

Wenn wir wirklich glauben, daß in keinem andern das Heil ist als in Jesus, dem Christus – dann muß für uns doch bestimmt die freie Aufgeschlossenheit Jesu gegenüber den Vertretern der samaritanischen Religion wegleitend sein für unsere eigene Einstellung andern Religionen, Weltanschauungen und ihren Vertretern gegenüber.

Konkret heißt das: Der Dialog ist die einzig christliche Form des Umgangs miteinander. Er ist auch die einzig christliche »Methode« der Mission. Für Jesus hat es nie eine andere Missionsform gegeben als diejenige des Gesprächs, des Dialogs.

Freilich: nichts ist anstrengender und mühsamer, nichts fordert uns mehr ab als ein Dialog, der mehr ist als die Konfrontation zweier Monologe. Immer aber ist Dialog das Gegenteil von Intoleranz und Haß.

So möchte ich sagen: Dialog und Dialogfähigkeit sind bereits ein Stück jenes Heils, das Jesus Christus heißt. Und nie so wie im Dialog mit Andersdenkenden und Andersgläubigen brauchen wir den Geist Jesu Christi – den heiligen Geist, der Erkenntnis und Freiheit schenkt, der Bruderschaft stiftet über Grenzen und Schranken hinweg.

Himmelfahrt — Kolosser 3,1–4

Günter Ruddat — Der Himmel reißt auf

Steigen Sie ein,
der Zug fährt gleich ab,
das Signal steht auf »Himmelfahrt«.

Vielleicht geht Ihnen das ein wenig zu schnell,
aber heute predigen ist sicherlich
ein Himmelfahrtskommando.

Himmelfahrtskommando –
die Gemeinde Beuel wandert heute auf verschieden langen Strecken
zur Siegniederung, der 30-km-Marsch hat schon begonnen,
um 13 Uhr starten die letzten, Sie können noch mitmachen.
Das Himmelfahrtskommando lautet:
Macht euch auf die Beine, es ist noch nicht zu spät.
Steigt ein,
der Zug fährt gleich ab,
das Signal steht auf »Himmelfahrt«.

Es ist noch nicht zu spät,
wir könnten z. B. Himmelfahrt auch abschaffen.
Die Gottesdienste sind noch schlechter besucht
als an anderen Sonn- und Feiertagen;
die Kirchen können kein Interesse mehr an ungenutzten Feiertagen haben.
Wir könnten gegen Himmelfahrt demonstrieren,
unsere Parole wäre: Stoppt die Himmelfahrt!
Aber da meldet sich schon die andere Seite:
Die Gewerkschaften protestieren gegen die Ausweitung der Arbeitszeit;
die Textilindustrie braucht den »Krawattentag«,
um die Lagerbestände loszuwerden;
Gastwirte und Brauereien gründen die Aktion »Rettet den Vatertag!«,
die Zapfhähne sollen nicht stillstehen!
Es tut mir leid, wir können die Himmelfahrt
nicht einfach streichen.

Aber vielleicht ist es noch nicht zu spät,
den Himmel abzuschaffen;
dann erledigt sich auf andere Weise unser Versuch:
Stoppt die Himmelfahrt!

Moderne Himmelfahrt war nicht zu bremsen,
vom Sputnik bis zum Apollo-Raumschiff war es kein weiter Weg,
unser Himmel ist zur Erde geworden.
Unsere Schwierigkeiten mit der Himmelfahrt
der Astronauten und Kosmonauten
suchen wir bei den Bodenstationen,
wenn etwas schiefgeht, helfen die in Houston sicher.
Unser Himmel ist zur Erde geworden,
unser Weltraum ist der gleiche geblieben.
Neckermann wird eines Tages auch auf den Mond fliegen,
so las ich vor kurzem.
Es macht keinen Unterschied mehr, wohin ich reise,
auf der Erde oder im Weltraum,
nur es kostet ein bißchen mehr.
Wir haben den Himmel heruntergeholt,
wir haben es geschafft, der Himmelszug wird ausrangiert,
Himmelfahrt ist erledigt.

Und trotzdem lese ich einen Text
aus dem Brief an die Gemeinde in Kolossae,
das liegt in der heutigen Türkei,
ich lese die ersten Zeilen des 3. Kapitels
und beginne nachdenklich zu werden:
(Textlesung)
Stoppt Himmelfahrt!, das war gerade erreicht,
und hier wird von dem »Blick nach oben« geredet,
den wir als »neue Menschen« haben;
diese Blickrichtung, diesen Blick nach oben sollen wir von Christus haben.
Aber ist dieses »oben« *der* Himmel,
in dem Raumschiffe ihre Bahnen ziehen,
ist dort oben auf den Wolken der Thron Gottes?
Ich kann mir das einfach nicht vorstellen,
der Himmel ist doch leer,

oder ist Gott umgezogen, aber bloß: wohin?
Aber nein, diese Gedanken sind mir doch zu überholt;
unser »Blick nach oben« ist wohl doch nicht auf den blauen Himmel gerichtet,
aber bloß: wohin?
Machen wir uns auf die »Suche nach oben«,
wo ist Gott geblieben?
Manche machen's erst gar nicht,
Gott ist tot, Suchen ist sinnlos, sagen sie.
Aber ich gebe mich damit nicht zufrieden:
Ich habe von Jesus gehört, Bethlehem –
Gott fällt aus allen Wolken,
Jesus steht mit beiden Beinen in der Welt.
Ich weiß über Gott nur, was ich über Jesus weiß,
was er uns allen gesagt hat, davon erzählt die Bibel.
Gott fällt aus allen Wolken,
in Bethlehem und anderswo,
und das nicht nur zur Weihnachtszeit:
das ist die Überschrift eines Textes,
den Hildegard Wohlgemuth formuliert hat.

Und das nicht nur zur Weihnachtszeit
Wer nach Bethlehem fliegen will in den Stall
und wer meint, dort ist auf jeden Fall
der Frieden billig zu kriegen,
der sollte woandershin fliegen.

Wer nach Bethlehem reisen will zu dem Sohn
und wer glaubt, dort ist die Endstation
mit Vollpension für die Seelen,
der sollte was anderes wählen.

Wer nach Bethlehem gehen will zu dem Kind
und wer weiß, daß dort der Weg beginnt,
ein jedes Kind nur zu lieben,
der könnte es heute schon üben.

Bei Jesus beginnt die Reise, in Bethlehem beginnt Himmelfahrt.
Gott fällt aus allen Wolken,

damit stürzen unsere Himmelskonstruktionen, unsere Luftschlösser zusammen.
Trostlose Trümmer, das wollen wir für Himmel halten!
Jesu Blick ist klar, er braucht nicht mehr zwischen oben und unten zu trennen;
sein »Blick nach oben«,
biblisch: sein Gebet zum Vater
gibt ihm Kraft für unten. Sein Blick nach oben gibt ihm Überblick,
keinen aus dem Auge zu verlieren.
Wir wollen damit lieber nichts zu tun haben,
uns reicht schon der Blick in unsere engste Umgebung,
wann haben wir z.B. für unsere Kinder Zeit,
wenn sie unsere Zeit brauchen,
einen Augenblick vielleicht.
Blick von oben ist für Christen *nichts anderes als Blick nach oben*,
dafür hat Jesus uns die Augen geöffnet.
Überblick haben, das ist anstrengend, es kostet viel Zeit.
Aber Jesus hat uns eingeladen, mit ihm auf die Reise zu gehen,
diesen Blick nach oben kennenzulernen;
in diesen Zug einsteigen heißt lernen,
keinen aus den Augen zu verlieren.
Christen schließen nicht die Augen,
sondern sie schauen auf den Himmel, den wir uns gemacht haben,
der Napalm-Bomben und Granaten auf spielende Kinder regnen läßt.
Die Erde allein hat uns nicht gereicht,
der Himmel, den wir uns machen, wird zum Schauplatz des Unfriedens:
Flugzeugentführungen, Raketenabwehrsysteme, Luftschlachten
in Nahost und Vietnam.
Der Himmel, den wir uns machen,
wird trostlos, tödlich.
Aber Christen schließen die Augen nicht,
sie blicken nach oben, sie suchen einen anderen Himmel, eine andere Welt.
Sie wissen den Weg nicht, sie orientieren sich durch den Blick nach oben;
ihr Polarstern heißt Christus.
Der Zug, der in Bethlehem losgefahren ist, orientiert sich an Jesus,
sein Blick nach oben öffnete seinen Blick nach unten.
Himmlische Blickrichtung heißt:
keinen aus den Augen verlieren, keinen auf dieser Welt, keinen hier unten.
Dieser Zug fährt langsam, damit wir nichts übersehen,

keinen, dessen Bruder Christus geworden ist,
dieser Zug fährt auch durch Vietnam.
Vietnam – es hat lange in den Predigten gefehlt,
es ist nicht überflüssig geworden,
Nixon sorgt für Minengürtel und Bombenteppich,
er will Frieden durch Krieg erzwingen.
Dieser Zug fährt auch durch Vietnam,
entlang der Nationalstraße 1,
gesäumt von Menschen, die nur noch nach unten blicken,
sie sind tot.
Dieser Zug fährt nicht vorbei,
sein Gleis ist die Bruderschaft aller Menschen,
denn Christus ist allen Menschen Bruder geworden.
Himmelfahrt heute –
d.h. auf die Erde sehen und nicht vorbeischauen.
Himmelfahrt heute –
das kann so aussehen:
Ein kleiner Junge in Quang Tri, das liegt in Vietnam, kennt den Himmel,
Bomben und Granaten fallen aus allen Wolken;
der kleine Junge starrt wie gebannt zum Himmel,
er bleibt vor Schreck wie angewurzelt stehen.
Ein Granatsplitter reißt ein Bein weg.
Der kleine Junge bricht zusammen.
Etwas später – das Kind wird gefunden,
es hat Glück, es soll nach Deutschland ausgeflogen werden.
Die »Aktion Friedensdorf« wird es betreuen,
der kleine Junge wird wieder spielen lernen,
er wird einen Beruf lernen, an einem anderen Vietnam arbeiten.
Der Himmel reißt auf,
Flugzeuge des Friedens bringen zu Freunden,
Flugzeuge des Friedens bringen zu Brüdern,
die von Christus gelernt haben,
zu Menschen, die begriffen haben,
was »Blick nach oben« heißt.
Der Himmel reißt auf.
Ein Stück des neuen Himmels.
Ich vertraue auf diesen Himmel,
der ganz anders ist als der Himmel,

den wir uns machen;
ich vertraue darauf,
daß dieser »Tag der Bruderschaft aller Menschen« kommen wird,
der »Tag des Friedens, der gut ist für alle«.
Und ich weiß, wozu mich dieses Vertrauen beflügelt,
Flugzeuge des Friedens schon heute zu bauen,
nicht nur in Vietnam, sondern auf der ganzen Welt.
Himmelfahrt kann heute beginnen,
Gott fällt aus allen Wolken,
Christus steht auf seiner Seite,
Christus steht auf unserer Seite,
darum können wir uns an seine Seite setzen.
Uns steht der Himmel offen,
das Signal steht auf »Himmelfahrt«.

Der »Blick nach oben« hat den »Blick nach unten« untrennbar zur Seite,
Christus macht keinen Unterschied zwischen oben und unten,
er ist der Herr über Himmel und Erde,
darum können wir mit den Worten eines alten Negerliedes beten:

Einsteigen, Brüder!
Hier ist für alle Platz!
Der Himmelszug läuft ein.
Ich höre ihn gerade kommen.
Es drehen sich die Räder
und rollen durch die Welt.

Einsteigen, Brüder!
Hier ist für alle Platz.
Der Fahrpreis, der ist billig,
und alle kommen mit.
Die Armen wie die Reichen,
auf diesem Zug gibt's keine 2. Klasse,
kein Unterschied im Preis.
Steigt ein, Brüder, es ist für alle Platz.

Ehre sei Gott nicht nur in der Höhe!

Himmelfahrt

Erhard Domay

Der Glaube träumt Liebende in den Wolken

Es ist durchaus möglich, daß jemand mit Achselzucken oder Verärgerung reagiert, wenn er in einem Gottesdienst die Wörter hört: »Jesus Christus – aufgefahren gen Himmel«.

Das Achselzucken mag der Naivität jenes historisch frühen Weltbildes gelten, das Menschen, Gottmenschen und Götter auf- und niedergehen ließ wie die Sonne, den Mond und die Sterne. Es mag vielleicht auch der Kühnheit gelten, mit der Menschengeist hier über unerforschte Räume und Begriffe verfügte und sie begrenzte: so, als sei der Weltenraum nicht unvorstellbar in seiner Gestalt und Ausdehnung; so, als sei die Zeit etwas, das sich aufheben ließe. Dazu mag sich die Verärgerung darüber gesellen, daß vernünftige Menschen derlei Vorstellungen heute überhaupt noch weitersagen: Diskreditieren sie sich nicht selbst, wenn sie sich statt eines auf glaubwürdige Annahmen und auf beweisbare Tatsachen gestützten Weltbildes einen solchen Himmel mit einem solchen Himmelfahrer bieten lassen? Ist das nicht ein schon beinahe krankhafter Rückschritt in die Kindheit des Menschengeschlechtes, dorthin, wo kindliche Gläubigkeit und Phantasie nicht erwachsen werden konnten, weil die Physik mit ihrer am nachprüfbaren Experiment orientierten Theoriebildung hier noch keine Klarheit schuf? Und wer wüßte nicht, daß die Christen, die in ihrer Glaubensgeschichte dem Himmelfahrer Christus gelegentlich in allzu ferne, allzu blaue Räume gefolgt waren, diese Gefolgschaft leisteten, um der irdischen Mühsal zu entrinnen – zurücklassend, was immer um Bewältigung schrie: das Übermaß an Menschenschuld, an Menschenleid; zurücklassend also jene Dimensionen des menschlichen Lebens, die zu allen Zeiten – und heute wahrscheinlich mehr noch als früher – die Menschen schwindeln machten.

Den Tiefen des Menschenlebens zu entkommen suchen in die Tiefen des offenen Weltenraumes, der erträglicher scheint als zum Beispiel der Tod eines einzigen Menschen und das Ende alles dessen, was in diesem Tod untergeht – mit einem solchen Verständnis mag jemand sich abwenden von solchen Wörtern wie »Jesus Christus – aufgefahren gen Himmel«. Und seine Abwendung (niemand wird es ihm bestreiten können) folgt aus seinem logisch arbeitenden Geist. Denn: Skylab und Mondsonde sehen können bedeutet, diesen Satz nicht denken können. Die Aussagekraft und die Fülle der Informationen jedes über technologische Vorgänge berichtenden Sachbuches oder Filmes gehen weit über das Bild hinaus, das sich aus jenem kurzen Zitat des christlichen Credo gewinnen läßt. Diese Bilder sind genauer, schärfer. Wozu noch jenes mythologische Gewebe, das die Konturen erkannter Tatsachen verschwimmen läßt, ja sie so vollkommen verdeckt, daß nur noch das Gewebe mit seiner skurrilen, von kindlicher Hand gezeichneten Figur Geltung zu haben scheint: ein Mensch zwischen »Erde« und »Himmel«, dem staunende Augen bis in die »Wolken« hinein folgen und die ihn in der höchsten Höhe sitzen sehen »zur Rechten Gottes, des Vaters«?

Nach diesen vielen Fragen zunächst eine Feststellung, die eigentlich ganz selbstverständlich ist. Die Figur eines über die Welt erhöhten Menschen ist Figur in einem Bild. Dieses Bild haben einmal Menschen gemalt, um die Fragen zu beantworten: Wer herrscht in Wahrheit über die Welt? Wer garantiert, daß die Welt eine Zukunft hat?

Das alles hat mit Physik unmittelbar nichts zu tun. Das Bild sieht die Dinge anders als durch Radioteleskope oder Elektronenmikroskope hindurch. Deshalb wäre es unsachlich und auch ganz unwissenschaftlich, dem Bild »Himmelfahrt« mit Zahlenreihen und physikalischen Formeln zu Leibe rücken zu wollen. Und ebenso unsachlich und unwissenschaftlich wäre es natürlich auch umgekehrt, wenn das Bild gegen moderne naturwissenschaftliche Erkenntnis ins Feld geführt werden sollte.

Eine sachlich begründete und faire Frage an das Bild könnte lauten: Was spricht es aus? Oder: Worüber will es informieren?

Es stimmt schon: Bilder haben ihre eigene Sprache. Und: Bilder faszinieren, auch wenn die Wirklichkeit in ihnen anders konturiert und gefärbt ist, als wir sie üblicherweise zu sehen gewohnt sind.

Der bedeutende Maler Marc Chagall hat zum Beispiel in zahlreichen Bildern Menschen dargestellt, die wie sonst nur Wolken über Dachfirsten am Himmel stehen. Damit hat er dem Menschen Flügel verliehen und in liebenswürdiger Weise die Erfahrung ausgedrückt, daß der Mensch mehr ist als eine Summe chemischer Stoffe im Kräftefeld der Dinge. Er hat den Menschen damit in die Nähe Gottes gerückt und in dieser seiner Bildersprache angedeutet, daß die schöpferische Kraft von Phantasie und Liebe der Welt übergeordnet ist und sie prägen muß, wenn sie eine geordnete Welt sein soll. Eine Welt, die sich nicht blindlings oder verhängnisvoll ablaufenden Gesetzen zufolge entwickelt, sondern eine Welt, die von der Liebe zu beherrschen ist.

Marc Chagall hat in der Züricher Fraumünsterkirche fünf Chorfenster aus farbigem Glas gestaltet. Täglich stehen viele Menschen – Europäer und Nichteuropäer, Christen und Nichtchristen – vor den Bildern und nehmen sie in sich auf. Niemand kann sich dieser Bilderwelt entziehen. Sie spricht offensichtlich alle Sprachen der Welt. Obwohl sie lediglich die Bilderwelt des Alten und des Neuen Testamentes darstellt, sagt sie in ähnlicher Weise zum Beispiel einem Asiaten etwas über eine sonst kaum beschreibbare Dimension des Menschen, wie es einem Europäer eine Buddha-Statue sagen mag.
Es ist die Vision von den besseren Möglichkeiten des Menschen, von einem Dasein, das tiefer als lediglich im Lebensunterhalt gegründet ist. Es ist die Vision von einer Welt, die die Suche nach einem Glauben noch nicht aufgegeben hat. Dies müßte ein Glaube an den Schöpfer sein, der tagtäglich liebende Menschen erfindet, die nicht mehr zu träumen aufhören, daß es mehr gibt als Börse und Marktstrategie, Autolack und Fiberglas. Dieser Glaube träumt Liebende in den Wolken. Er erhebt das Elende, nimmt das Kleine hoch, richtet auf, was gefallen ist, wertet höher, was abgeurteilt ist. Dieser Glaube bringt Bewegung in die Welt: die Bewegung des Aufrichtens, Aufhelfens, Aufstehens. Alle diese Wörter sind Bilder. Wer wollte behaupten, sie seien es zu ihrem Schaden, oder gar, wir brauchten sie nicht?
Was wir an ihnen als wahr empfinden, ist der Wahrheitsgehalt – sagen wir ruhig: – des christlichen Bildes von dem erhöhten Christus. Es behauptet nicht mehr und nicht weniger als dies: daß die Liebe Gottes über die Welt herrscht – auch über den Haß der Menschen, der nicht bis zum bitteren Ende Haß zu bleiben braucht. Diese göttliche Liebe über uns kann die Liebe unter uns lebendig erhalten, denn sie stirbt nicht mit den Menschen, und sie stirbt nicht mit den Dingen, die im Tod eines Menschen untergehen.
Ein Detail eines der Züricher Chagall-Fenster zeigt den erhöhten Christus. Irmgard Vogelsanger-de Roche hat es folgendermaßen beschrieben:
»Christus ist über Leiden und Tod hinausgedrungen. Sein Leib, überlang und schmächtig wie auf mittelalterlichen Darstellungen, wirkt, als habe er ihn schon hinter sich gelassen, abgelegt wie ein Gewand; Verklärung ist angedeutet in der Woge von strahlendem Gelb, die ihn überschüttet. Schwerelos, hängt er nicht am Kreuz, sondern schwebt auf seinem Weg zur Höhe. Über seinem Haupt und der Glorie verliert sich der Blick in der farbigen Tiefe einer Lichtquelle, die den Auferstandenen und mit ihm die erregte, törichte oder gläubige Menschheit, zu der er sich liebend neigt, magisch in sich zieht.«
Diese Eindrücke mag man empfangen, wenn man das Kirchenfenster anschaut. Solche Gedanken mag man sich machen, wenn man der dargestellten Figur

Christus folgt. Einer neigt sich liebend der erregten, törichten oder gläubigen Menschheit zu – ein rückschrittliches Bild, das in die Vergangenheit gehört, oder ein fortschrittliches Bild, das Hoffnung in einer von der Angst beschwerten Zukunft ausstrahlt?

Jedenfalls sind solche Bilder vom »Auffahren gen Himmel« Erinnerungen an die Liebe, deren einmal ein Mensch fähig gewesen ist und mit der immer und überall Menschen aller Kulturen zu leben versuchten, um im Übermaß an Leid und Schuld nicht unterzugehen. Sie sind – zunächst in ihren Träumen und dann in ihrer Wirklichkeit – immer wieder aufgestanden.

Sie haben aus ihrer eigenen Kindheit und aus der Kindheit des Menschengeschlechtes jene Erfahrung in die von Vernunft und Logik bestimmte Weltsicht des Erwachsenen mitgenommen, die die Lyrikerin Ingeborg Bachmann in die Worte gefaßt hat: »Jeder, der fällt, hat Flügel.«

Gerade das auffallende (und durchaus auch aus dem biblischen Rahmen fallende) Bild von der »Himmelfahrt Christi« kann uns wieder bewußt machen helfen, daß wir Menschen alle unsere Erfahrungen, Gefühle und Gedanken und alle unsere Vorhaben und Vorstellungen kaum anders ausdrücken können als mit Bildern, die unseren technischen Verstand hier und da übersteigen. Die Religion ist keineswegs nur eine Produzentin absurder Irrwege und phantastischer Weltbilder – ihre Weltbilder sind Hoffnungsbilder, ihre Wege folgen den Impulsen von Phantasie und Liebe.

Es ist nötig, unseren christlichen Glauben an diesem und an keinem anderen Punkt anzuknüpfen und freundlich – ohne streitsüchtige Rechthaberei – zu erzählen, was uns Jesus Christus, dieser Mensch zwischen den enttäuschenden Realitäten des Lebens und der auf eine liebenswürdige Welt zielenden Liebe Gottes, bedeutet.

Wenn Christus der christlichen Gemeinde in diesem Sinne höher steht als alle Vernunft, dann wird sie ihren unüberhörbaren Beitrag leisten zur Wiederentdeckung des Menschen, dem Himmel und Erde aufgegeben sind.

René Leudesdorff

Allherrscher oder Dornenkönig

In ferner Zukunft, wenn einmal unsere Kultur versunken sein wird wie die der Ägypter und Azteken und wenn man die Zeugnisse dieser Kultur aus dem Schutt der Jahrtausende ausgraben wird wie im letzten Jahrhundert die der Griechen und Römer, dann werden sicher auch die Kirchen und ihre Christusbilder ans Tageslicht gefördert werden. Vermutlich wird das Erstaunen der Wissenschaftler jener Zeiten groß sein. Denn sie werden Darstellungen auffinden, die sich nicht auf einen Nenner bringen lassen, die aber durch das Kreuzeszeichen und die Gleichheit der Schriften erkennen lassen, daß es sich dabei immer um ein und dieselbe Person, nämlich um Jesus Christus, handelt, den Mittelpunkt der nach ihm benannten Religion.

Noch am besten erhalten werden dann wohl jene aus vielen hunderttausend kleinen Plättchen zusammengesetzten Bilder sein, die sich zu christlicher Zeit Mosaiken nannten. Verwundert stehen die Forscher dann etwa vor dem Bild eines königlichen Weltenherrschers, der mit strengem, männlichem Blick einstmals aus der Kuppel einer großen Kirche auf die Menschen herabgeschaut haben mußte. Die rechte Hand zum Segen erhoben, hält er in der Linken ein Schriftstück, dessen Worte – in lateinischer Sprache – wohl seine eigenen gewesen sein müssen, denn sie lauten: »Ich bin das Licht der Welt, wer mir nachfolgt, wird nicht in der Finsternis wandeln.« Dieser Allherrscher, Jesus Christus Pantokrator (wie die griechische Umschrift um sein Haupt sagt), wurde offenbar in jener fernen Kultur, die sich nach ihm die christliche nannte, von den Menschen als der Gott des Lichts verehrt. Die Aura, der Heiligenschein um sein Haupt, weist durch das eingefügte Kreuzeszeichen darauf hin, daß das Kreuz etwas mit ihm zu tun gehabt haben muß – oder umgekehrt: er mit dem Kreuz. Jedenfalls taucht dieses Zeichen überall, wo die Christusreligion vertreten war, wieder auf.

Aber wie und in welch widersprüchlichem Zusammenhang, das will eben diesen Forschern nicht ganz in den Sinn. Was hat dieser himmlische, oftmals auch auf einem Thron und mit den Zeichen der Kaiserwürde ausgestattete Weltenherrscher mit anderen, nicht viel später zu datierenden Bildern zu tun, die einen ganz und gar anderen Christus darstellen? Da wird zum Beispiel vom Oberrhein der Fund eines noch recht gut erhaltenen Bildes, wahrscheinlich von einem Altar, gemeldet. Eine abgehärmte, offensichtlich schon gestorbene Figur hängt da mit allen Zeichen erlittener Qualen an einem Kreuz. Aus der rechten geöffneten Brustseite und von den angenagelten Füßen rinnt Blut, die Finger der ebenfalls angenagelten Hände sind gen Himmel gestreckt, und auf dem Kopf trägt er einen Kranz aus Dornen. Die Buchstaben über ihm bezeichnen nach allem, was man aus vergleichbaren Inschriftenfunden weiß, ebenfalls eine Königswürde: Jesus, Nazarener, König der Juden.

Seltsam, höchst seltsam. Dort ein thronender, sieghafter, strenger Fürst, ein königlicher Allherrscher, hier ein zerquälter, verbluteter Dornenkönig, wie man ihn nennen möchte, der vor seiner gräßlichen Tötung ein längst verschollenes, kleines vorderasiatisches Volk regiert haben muß. Zwei Bilder, zwei Vorstellungen, die sich einfach nicht zur Deckung bringen lassen. Einzig und allein, wie gesagt, das Kreuz weist auf eine Verbindung hin. Und so zeigen es auch verschiedene Parallelen, die da gefunden werden, steinerne Skulpturen und Altarkreuze zum Beispiel, immer wieder handelt es sich entweder um einen göttlichen König oder um einen grauenvoll leidenden Menschen, um einen Herrn oder einen Knecht, einen, der zur angebeteten und verehrten Himmelswelt gehört, oder einen, der in der schlimmsten, finstersten, verfluchtesten Ecke der Welt zu Tode gequält wurde. Welches Bild von beiden trifft nun eigentlich zu? Woran soll man sich halten?

Ich weiß nicht, ob den Forschern in jener fernen Zukunft, wenn ihnen wenig mehr als das Mosaik von Monreale in Palermo und der Isenheimer Altar Mathias Grünewalds oder vergleichbare Christusbildnisse zur Verfügung stehen würden – jedenfalls kein Neues Testament, keine religiöse Literatur –, ich weiß nicht, ob jenen Forschern der Zusammenhang zwischen den gegensätzlichen Christus-Darstellungen aufgehen würde. Denn er ist schon für uns Jetzige schwer zu begreifen. Es gibt da eine Spannung, die unerträglich, einen Widerspruch, der unauflösbar erscheint. Im einen Fall handelt es sich um den edelsten Ausdruck von Reinheit, Hoheit, Religion, im anderen Fall um etwas, das mit Verbrechen, Schmutz, Schuld und entsetzlichem Leid zu tun hat. Daß es sich dabei um ein und denselben handelt, daß dieser und jener Christus etwas miteinander gemein haben, ja daß sie identisch sein sollen, damit kann der Verstand nicht zurechtkommen. Wie läßt sich dieser unlösbare Gegensatz, auch wenn er fortbestehen bleibt, wenigstens als Gegensatz begründen und erklären? Das ist die Frage.

Eine verständliche Antwort darauf wird man nur aus der frühen Geschichte der christlichen Kirche geben können. – Der Tod Jesu, dessen alljährliches Gedächtnis die Christenheit am Karfreitag begeht, bedeutete das Ende der unmittelbaren Begegnung Jesu mit den Menschen seiner Tage. Als er noch lebte, da erfuhren und erkannten sie selbst die große, grenzenlose Menschenliebe, die von ihm ausging. Und es wurde ihnen klar, daß sie darin Gottes großer, grenzenloser Menschenliebe begegneten. Ganz dieser Erfahrung entsprechend läßt mehr als ein halbes Jahrhundert später der Evangelist Johannes Jesus die Worte sagen: »Wer mich sieht, der sieht den Vater«, und an anderer Stelle: »Ich und der Vater sind eins.« So müssen es die Menschen in der Umgebung Jesu unwiderstehlich empfunden und innerlich bejaht haben. Darin kommt nun aber ein Sachverhalt zur Geltung, der für die Antwort auf unsere Frage äußerst wichtig ist: Zu Jesu Lebzeiten waren für die Menschen, die ihm begegneten, weltliche und religiöse Erfahrung eine Einheit. Wenn man in die Evangelien hineinschaut, fällt einem auf, daß im Umkreis Jesu vom Kultus, von normaler Religionsübung ausgesprochen wenig die Rede ist, ja daß Jesus beidem offenbar sehr kritisch – wenn auch nicht grundsätzlich ablehnend – gegenübergestanden hat. Er hat demgemäß auch alle Versuche seiner Anhänger, ihn zu einer gottähnlichen Figur zu machen, eindeutig abgewehrt: »Was nennst du mich gut?« kritisiert er zum Beispiel einen jungen wohlhabenden Mann, der ihn mit »guter Meister« anredete, »Gut ist ausschließlich Gott.«

So hat Jesus das verständliche religiöse Bestreben, das ihm immer wieder begegnete, immer wieder gleichsam vom Himmel heruntergeholt, hat es herabgebogen und bezogen auf den Gehorsam, den man Gott schuldet und der sich in der praktizierten Nächstenliebe bewährt. Religiöses Leben war für Jesus hiervon nicht abtrennbar. Gottesdienst und Nächstendienst sind für ihn und seine Jünger ein und dasselbe, zwei Seiten ein und derselben Sache.

Nun also war Jesus gestorben und damit auch die unmittelbare Erfahrung dieser Einheit zu Ende. Sollte damit nicht alles dies für alle Zeiten vorüber sein, so mußte sich zwar nicht die Erfahrung von Jesu Menschenliebe selbst, jedoch die Art und Weise dieser Erfahrung wandeln. Was vom Ostermorgen und den ersten vierzig Tagen nach Ostern berichtet wird, diese neue, halb leibhaft-konkrete, halb doch auch wieder schemenhaft-geistige Weise der Begegnung mit Christus, sie erscheint mir als das erste Aufleuchten dieser neuen Erfahrung, dieses neuen Umgangs mit Jesus. Jesus ist nicht da, und er ist doch da. Seine Liebe ist nicht mit ihm gestorben und zugrunde gegangen, sondern sie hat mit ihm überlebt und gesiegt, und sie stellt weiterhin eine ganz persönliche, gegenwärtig wirkende Kraft dar. Das ist alles noch so lebendig, noch so wirkungsvoll, noch so nahe, daß man nicht schon sagen könnte, diese Jünger hätten Jesus in den vierzig Tagen angebetet oder als einen Gott verehrt. Und dennoch: Die Geschichte vom ungläubigen Thomas – wiederum im jüngsten der Evangelien, im Johannesevangelium – signalisiert bereits den Übergang zur Christusreligion, wie er sich in jenen Wochen nach Ostern angebahnt hat. Das Stichwort läßt der Evangelist den Thomas sprechen in dem Ausruf: »Mein Herr und mein Gott!«

Mein Herr und mein Gott. Jesus, der Verachtete und Geschundene, der Helfende und Heilende, Verfolgte und Verratene, der Gequälte und Hingerichtete, rückt in den Augen seiner Jünger schon bald nach seinem Tode zunehmend an die Seite dessen, mit dem er sich zu Lebzeiten eng verbunden wußte – an die Seite Gottes. Die Erzählung von der Himmelfahrt Christi spiegelt eben diese Glaubens- und Bewußtseinsstufe seiner Gemeinde wider und macht sie optisch deutlich. Jesus, der Gekreuzigte, verläßt darin – im übertragenen wie im realen Sinn – den engeren Wirkungskreis derer, die ihn zu Lebzeiten begleiteten, die ihn liebten oder verachteten. Zugleich wird er auf diese Weise mehr und mehr Menschen, ja im Grunde allen Menschen, auch denen späterer Zeiten, zugänglich. Die Ankündigung, daß die Jünger seine Zeugen sein werden »bis an das Ende der Erde«, macht diesen Vorgang der Entfernung und Erhöhung Jesu und gleichzeitig seiner Ausweitung und Zugänglichmachung für alle nur noch deutlicher. Der Pfingstbericht von der Aussendung des Heiligen Geistes und vom Wunder der vielen Sprachen, in denen die Kunde von Jesus Christus verbreitet wird, markiert den Ausgangspunkt dieser unaufhaltsamen, von Jerusalem ausgehenden Bewegung.

Mit anderen Worten: Die Wirkung Jesu von Nazareth wäre erloschen, wenn die ursprünglich nur menschliche Begegnung mit ihm sich nicht in eine religiös-geistige Bewegung umgewandelt hätte. Seine grenzenlose Liebe, die er am Kreuz besiegelte, konnte nur grenzenlos bleiben, indem er selbst und sein Kreuz zum Gegenstand des religiösen Glaubens wurden. Daß das Einmalige seines Lebens und Sterbens ein für allemal geschehen und damit für alle Zeiten gültig war, dies konnte nur über die Zeiten verbindlich werden, wenn Jesus selbst über Zeit und Welt hinausgehoben war – als gottgleicher König des Himmels, sitzend zur Rechten Gottes, des allmächtigen Vaters, und damit Anteil habend an der Allmacht der ewigen Liebe.

Man mag diese Entwicklung bedauern, weil dadurch Jesus, der mit uns leidende Menschenbruder, Jesus, der König der Dornen, immer wieder den Menschen entrückt wurde, die ihn so nahe, so auf Rufweite benötigten. Andererseits war gerade diese Entwicklung nötig, wenn der Glaube daran, daß in Jesus die Liebe Gottes erschienen war, wenn dieser menschenverwandelnde und menschenrettende Glaube nicht im Flugsand der Geschichte verwehen sollte. So wurde Jesus zum Himmelskönig, zum Pantokrator in Kirchen und Kathedralen, damit die opfernde Hingabe seines Lebens für viele Menschengeschlechter aufbewahrt bleiben konnte. Das birgt, wie gesagt, die Gefahr in sich, daß er vielen mehr zum himmelweit entfernten Gott, ja zum Tyrannen wird statt zum rettenden Freund. Darum war und bleibt es nötig, immer wieder daneben das Bild des gequälten, solidarisch mit uns leidenden Gottesknechts zu halten. Denn nicht das Herrschen Jesu ist sein erstes Merkmal, sondern sein Dienen. Und darum wird es nie die erste Aufgabe seiner Jünger sein, ihn anzubeten, sondern ihn zu verwirklichen. Erst dann werden wir auch verstehen, was die alten Bilder vom Allherrscher Jesus Christus sagen wollen: daß nämlich diese Liebe die einzige Macht dieser Welt ist, die es anzubeten und der es zu gehorchen lohnt. Mag sie auch jetzt noch eine verborgene und unterdrückte Macht sein; sie wird in Gottes Zukunft die einzige und letzte sein. Ihr jetzt schon zu dienen, das ist erfülltes Leben.

Pfingsten Jesaja 43,18–19

Dieter Schoeneich Gott ist Zukunft

Ein Kollege hat kürzlich mit der Oberprima, in der er Religionsunterricht gibt, das Thema Zukunft behandelt. Die Möglichkeiten der Technik und Forschung sprach man durch, der Medizin, der Chemie. Verlängerung der Lebenserwartung, Heilungschancen für Kranke, Eroberung des Weltalls, Gewinnung von Schätzen an Nahrung und Grundstoffen aus dem Meer und aus der Retorte. Dann aber auch die Aussichten der gesellschaftlichen und politischen Entwicklungen, die Gefahren der Luft- und Wasserverseuchung, die Perfektion der Kriegsgeräte zur Massenvernichtung, die revolutionären Gärungsprozesse der Dritten Welt und die biochemischen Möglichkeiten, den Menschen zu manipulieren und ihn zu züchten, wie man ihn haben will. Und das Ergebnis aller ihrer Gespräche faßten die 18- und 19jährigen Schüler am Ende einiger Wochen so zusammen: »Hoffentlich leben wir dann nicht mehr!«

Es geht in den wahrhaft pfingstlichen Sätzen aus dem Jesaja-Buch, die ich vorhin vorgelesen habe – »Seht nicht an das Alte und achtet nicht auf das Vorige, denn siehe, ich will ein Neues machen« –, es geht hier um Vergangenheit und Zukunft. Deshalb: Es geht um das Problem des Menschen überhaupt. Denn an unserem Verhältnis von Vergangenheit und Zukunft entscheidet sich das Leben.

Es gibt verschiedene Möglichkeiten dieses Verhältnisses. Auf die Frage nach der Zukunft war die Antwort jener Schulklasse eine davon: Hoffentlich leben wir dann nicht mehr. Das ist die Antwort der Resignation. Die jungen Menschen da, von denen man meinen sollte, Zukunft bedeute ihnen das Land der unbegrenzten Möglichkeiten, haben vor dieser Zukunft Angst. Sie haben den Eindruck gewonnen, daß die Entwicklung der Welt und der Menschheit einen verhängnisvollen Lauf begonnen hat, der nicht mehr aufzuhalten ist. Diese tiefe Skepsis macht sich ja, wenn man nur Augen dafür hat, gerade unter der Jugend heute überall bemerkbar. Ob es der resignative Unterton des Hippie-Musicals ›Hair‹ ist oder das ohnmächtige Aufbegehren, das sich im Steigen der Jugendkriminalität zeigt, ob es um revolutionäre Strömungen radikaler Art geht – es ist immer dasselbe. Und wir haben es hier mit einem Verhältnis zur Zukunft zu tun, das etwas ganz anderes ist als jener strahlende Zukunfts-Optimismus, den es ja auch einmal gab und in einigen wenig orientierten Köpfen vielleicht immer noch gibt und der sich etwa so artikuliert: Zukunft ist Fortschritt, und

Fortschritt ist Zukunft! Der Mensch befreit sich von Unwissenheit und Unfreiheit in die Unbegrenztheit hinein. Da ist man auf sich stolz – was haben wir doch geschafft! Oder man blickt fasziniert auf ideologische Programme und erwartet von ihrer Verwirklichung das endgültige Heil der Welt.
Optimismus – Resignation – aber der Spielarten sind noch mehr. Jener Konservativismus, der von dem angeblich Bewährten aus der Welt von gestern retten will, was zu retten ist, und von denen, die neue Wege fordern, hämisch verlangt, sie müßten erst einmal den Beweis dafür antreten, daß sie Besseres zu bieten hätten – auch diese Denkart ist fürchterlich, weil sie ebenfalls eine Sackgasse ist. Denn man möchte nun wirklich, so gefragt, die Gegenfrage stellen, was sich denn an der Welt von gestern und heute wirklich als so bewährt erweist. Ob das christliche Abendland wirklich so christlich ist und ob die kirchlichen und sozialen und politischen Maßstäbe, die unsere Generation geerbt hat, wirklich so tragfähig, ob schließlich die ethischen und moralischen Grundsätze, von denen unsere Welt regiert wird, tatsächlich so human und moralisch sind, um damit in die Zukunft zu gehen. Das Haus brennt doch allenthalben, und es klingt manchmal fast grotesk, wenn denen, die sich retten wollen, zugerufen wird: Habt ihr auch schon, bevor ihr das Alte verlaßt, ein Neues gebaut?
»Gedenkt nicht an das Alte und achtet nicht auf das Vorige, denn siehe, ich will ein Neues machen. Jetzt soll es aufwachsen, und ihr werdet's erfahren, daß ich Weg in der Wüste mache und Wasserströme in der Einöde!«
Das ist nun freilich keine Proklamation von optimistischen Bilderstürmern oder ein Startschuß für sie. Es ist aber auch keine Bestätigung der Anhänger jener angeblich bewährten Welt von gestern. Es ist auch kein Alibi für die Ängstlichen und Resignierten. Es ist überhaupt nicht unser Wort, sondern Gottes Wort. Und weil das Wort Gott so zuschanden gekommen ist, vor allem durch seinen gedankenlos-selbstverständlichen Gebrauch durch die Kirche selbst, daß man es kaum mehr aussprechen mag, so zugedeckt ist es von dogmatischem Schutt und traditionellem Staub (Paul Tillich hat einmal darüber geklagt, wie wenig sorgsam gerade Theologen mit dem Wort Gott umgegangen sind, und hat vorgeschlagen, diesen Begriff für hundert Jahre einmal überhaupt nicht mehr zu gebrauchen, weil er, von einer starr gewordenen Kirche traktiert, eher verdunkelt statt erhellt, was er eigentlich bedeuten will.) – jedenfalls will ich nun einfach unser Jesaja-Wort so auslegen: Gott ist Zukunft! Das heißt: Gott und Zukunft gehören ganz zusammen! Man kann Gott nicht haben, ohne sich von ihm über die Schwelle rufen zu lassen – ohne die Angst, daß er uns dort verlorengehen könnte, und ohne die Angst, daß wir ihm verlorengehen könnten. Gott – das bedeutet: Vergebung, also Eröffnung neuer, bisher verschütte-

teter Möglichkeiten. Gott – das bedeutet: Mut zum Wagnis der Liebe, die ja auch von der Zukunft lebt. Gott – das bedeutet: Brückenschlag zu neuen Ufern der Erkenntnisse und der Erfahrungen. »Siehe, ich mache alles neu«, »Ich will die Blinden auf dem Wege führen, den sie nicht kennen, und sie leiten auf den Pfaden, die sie nicht wissen« – das ist die Stimme, die die Bibel Gottes Stimme nennt, die Stimme, die die Jünger unter Berufung auf Jesus zu Pfingsten neu zur Geltung gebracht haben und von der Jesaja sagt: »Gedenkt nicht an das Alte und achtet nicht auf das Vorige, denn siehe, ich will ein Neues machen!«

Das ist das Thema der ganzen Bibel. Von der ersten bis zur letzten Seite! Ausziehen aus dem Vertrauten, auswandern aus dem, woran wir uns festhalten wollen, den bequemen Denkweisen, den fertig möblierten guten Stuben unserer Urteile und Vorurteile, unserer Dogmatiken und Ideologien. Abraham soll ausziehen in ein Land, das er nicht kennt, »in ein Land, das ich dir zeigen will!« Jakob zieht in die Fremde. Josef wird in die Unbekanntheit der Zukunft verschlagen. Israel wird aus der Not der Sklaverei gerettet und beginnt natürlich auf dem Weg durch die Wüste ins verheißene Land der Zukunft gleich wieder zu murren und die relative Sicherheit des Sklavendaseins in Ägypten der Ungewißheit seiner Zukunft vorzuziehen. So geht es weiter. »Du sollst dir kein Bildnis machen, weder von dem, was im Himmel ist, noch von dem, was auf der Erde oder unter der Erde ist«: dieses Grundgebot Israels bedeutet nicht nur die Absage an Götzenbilder; es verlangt den Verzicht auf jede verabsolutierende Vorstellung und Denkweise überhaupt. Also auf alle Klischees, die wir uns vom anderen Menschen machen, auf alle Vorurteile, hinter denen wir uns verstekken. Dieses Gebot wehrt der Neigung, Gott, Menschen und Welt festzulegen auf ein Bild, das man sich davon gemacht hat, Erfahrungen zu Dogmen zu verkrusten, Traditionen zu unveränderlichen Normen zu erheben, von denen dann behauptet wird: So und nicht anders ist es in alle Ewigkeit. Hinter dem allen steht die Angst des Menschen um sich selbst, die Angst dessen, der sich vor der Zukunft verkriecht und sich damit vor seinem Gott verdrückt.

Nein, die Welt von morgen ist anders als die von gestern, weil die Zukunft anders ist als die Vergangenheit und weil Zukunft eben Zukunft ist. Und noch massiver als im Alten Testament ist die radikale Abwendung von der Ansiedlung im Gestern und die Zuwendung zur Zukunft in jenen Sätzen Jesu ausgesprochen: »Laßt die Toten ihre Toten begraben!« Und: »Wer die Hand an den Pflug legt und sieht zurück, der ist nicht geschickt zum Reiche Gottes!«

Die Bibel, liebe Freunde, entzaubert die Zukunft. Der Glaube, der in ihr zur Sprache kommt, erklärt, daß die Zukunft des Menschen, wie sie auch ausgeht, Gott gehört, so daß der Mensch ans nächstliegende Werk gehen kann. Das ist

Freiheit, das ist das Ende der alten und neuen heidnischen Angst vor der Zukunft. Das heißt, daß der Mensch auch die Welt genießen kann im Nehmen dessen, was ihm jetzt angeboten ist, im Arbeiten dessen, wofür er Vorsorge zu leisten hat, und im Hoffen auf das, was er selber nicht leisten kann.
Ein solcher Glaube war und ist, verglichen mit den Religionen und Ideologien der Umwelt, einzigartig und, wie es auf den ersten Blick scheint: einzigartig schwer. Freilich auch einzigartig befreiend zugleich. Er macht Weltflucht unnötig, er erlaubt, sich für die Zukunft zu öffnen und sich damit der Welt entschlossen zuzuwenden, diese Welt verantwortlich zu gestalten. Freilich ist die Frage, nach welchen Kriterien diese Gestaltung erfolgen soll; in eigener, selbstherrlicher Regie des Menschen, die darin bestehen würde, diese Welt und ihre Zukunft eigenmächtig und weiter heidnisch zu manipulieren, sich verfügbar zu machen. Oder im Übernehmen der Ordnung, die dieser Welt gesetzt ist und zu der die Welt selber gehört?
Das würde heißen: Nach dieser Ordnung zu fragen, sie zu erforschen und die Regeln zu finden und immer wieder neu zu suchen, nach denen sachgemäß und sachgerecht gelebt werden kann. Und das wieder hieße im Sinne der Bibel: Leben ist zum Leben da! Leben ist dazu da, entfaltet zu werden bis an die Grenzen der ihm geschenkten Möglichkeiten – nicht geknebelt, nicht manipuliert, nicht entwürdigt zu werden. Wer in die Zukunft geht im Vertrauen darauf, daß er diese Zukunft wagen kann, daß er sie mit dem Blick auf Jesus als seine Aufgabe übernehmen kann, wer so seine Zukunft als den Auftrag des Menschseins annimmt, der entspricht Gott. Denn von Gott, so lehrt uns die Bibel, kann nur der etwas wissen, der nicht mehr und nicht weniger sein will als Mensch. Und was Menschsein heißt, das lernt man an Jesus.
Das alles, liebe Freunde, ließe sich nun durchspielen in allen Bereichen unseres Lebens. Da wir im Gottesdienst sind, zumal in einem Pfingstgottesdienst, läge es nahe, mit der Kirche zu beginnen, mit ihrem Vokabular, ihren Lebensformen, ihren Denk- und Erscheinungsweisen. Gedenkt nicht an das Alte und achtet nicht auf das Vorige! Gerade im Blick auf diese unsere Kirche, auf ihren Unterricht, ihre Gottesdienste, ihr Verhältnis zur Welt gilt: Es gibt überhaupt kein Experiment, das gefährlicher sein könnte als das Beharren auf dem Alten! Die Chance der Kirche ist die Zukunft, weil ihre Chance Gott selber ist. Die Chance der Kirche ist die neue Sprache, die sie gelernt hat (davon erzählt die neutestamentliche Pfingstgeschichte) und die sie selber weitergeben und lehren soll: die Sprache der Heilung, des Brückenschlags, des Evangeliums. Um Gott Angst zu haben, wie man das heute auch nicht selten hören kann, daß er vielleicht verlorengehen könnte, wenn unsere Begriffe und unsere Lebensweise

sich ändern – um Gott Angst zu haben, das wäre jedenfalls für einen Christen nun wirklich schlimm. Ich kann es nicht für christlich halten. Gott ist Zukunft! Wir dürfen mit ihm rechnen!

Und da die Kirche grundsätzlich kein anderes Feld ist als die Welt – denn Gott hat es nicht mit dem Himmel, sondern mit der Welt zu tun –, darum gilt Gleiches auch für die Auseinandersetzung der Generationen, der Parteien, der politischen Lager, der Machtinteressen und der gesellschaftlichen Strukturen: Gedenket nicht an das Alte und achtet nicht auf das Vorige! Denn siehe, ich will ein Neues machen! Das bedeutet nicht das Ende der Auseinandersetzungen, aber es sollte den Beginn anständiger Methoden der Auseinandersetzungen bedeuten. Das bedeutet nicht die Utopie des himmlischen Jerusalem, wohl aber die Aufforderung, mit dem Frieden und der Versöhnung anzufangen, jawohl, auch die Aufforderung zu Vorleistungen, ganz ungesicherten, experimentellen Vorleistungen für Versöhnung und Frieden unter Menschen und Völkern. Denn die Vergangenheit ist von Haß und Krieg, von Blut und Leid voll genug! Gott sagt: Achtet nicht auf das Vorige, denn siehe, ich will ein Neues machen.

Was für unser Verhältnis zur Zukunft gilt, gilt auch für unser Verhältnis zur Vergangenheit. Da gibt es dieselben Beobachtungen: die Angst vor der Vergangenheit bei denen, die sie vergessen und verdrängen möchten, wie Alexander Mitscherlich das in seinem Buch »Die Unfähigkeit zu trauern« klargemacht hat. Ihnen gilt nicht der Satz: Achtet nicht auf das Alte! Denn diese Aufforderung bedeutet: Setzt euch mit eurer Vergangenheit auseinander, vergeßt sie nicht, aber laßt euch nicht von ihr festhalten.

Aber auch denen, die sich im vertrauten und bequemen Gestern einrichten wollen, um der Zukunft aus dem Wege zu gehen, ist der Satz aus dem Buch Jesaja ins Stammbuch geschrieben. Vergangenheit soll uns nicht binden. Sie soll uns entbinden für eine neue Zukunft.

Es ist schlechthin befreiend, das zu hören, sowohl für uns als einzelne mit unserer individuellen Vergangenheit wie für uns als Volk, als Gesellschaft, als Kirche, eingebunden in das gebrochene Verhältnis zu unserer Vergangenheit und zu unserer Zukunft. Gott ist Zukunft! Nach der Zukunft zu fragen müßte dann heißen, nach Gott zu fragen; und nach Gott zu fragen würde bedeuten, nach der Zukunft zu fragen, in die ER uns hineinruft. Keine Angst mehr, weder vor dem Gestern noch vor dem Morgen, weder vor den Schatten dessen, was war, noch vor der Ungewißheit dessen, was sein wird. Ich, sagt Gott, will ein Neues machen: Jetzt soll es aufwachsen, und ihr werdet's erfahren, daß ich Weg in der Wüste mache und Wasserströme in der Einöde.

Rudolf Schulz

Quartiersuche

I.

Pfingsten redet vom Geschenk des neuen Geistes. Die Pfingstgeschichte des Lukas tut das unter Einsatz von Mitteln antik-orientalischer Erzählweise. Mit Brausen und Feuerflammen soll der Geist der Pfingsten vom Himmel gekommen sein. Dieser Geist ist nicht nur eine Sache des Herzens oder des Intellekts – nein, Lukas beteiligt in Auge und Ohr gleich zwei Sinnesorgane mit: So total bestimmt der Pfingstgeist die Menschen.

Bereits unsere Konfirmanden wissen, daß die lukanische Pfingstgeschichte nicht wörtlich zu nehmen ist. Vielmehr drückt das bildhafte Reden – und dabei vor allem die Inanspruchnahme übernatürlicher Begleiterscheinungen – den Grad der Betroffenheit jener Christengeneration aus, die dessen inne wird, daß seit Jesu Kommen ein neuer Geist ihr persönliches Leben, vor allem aber ihre Gemeinschaft, bestimmt. Die Freiheit, welche er diesen Menschen eröffnet, und die Hoffnung, welche er in ihnen entfacht hat, lassen sie so überschwenglich und schwärmerisch erzählen, der Himmel habe seinen Geist über ihnen ausgegossen.

Die Pfingstgeschichte empfinden wir nüchternen Menschen als *zu* enthusiastisch. Wir vermögen sie nicht ohne weiteres als *unsere* Geschichte weiterzuerzählen. Das liegt nicht etwa nur daran, daß uns der Zugang zu Übernatürlichem fehlt. Viel schwerwiegender ist, daß es uns an den sachlichen Voraussetzungen dieser Geschichte mangelt: Der Geist der Pfingsten wird unter uns kaum sichtbar. Da braust und züngelt nichts mehr. Der Pfingstgeist scheint verflogen wie ein Spuk in der Nacht. Nicht der Jubel darüber, daß es auf Erden Pfingsten geworden ist, drängt sich auf, sondern die kritische Rückfrage, von welcher Art der Geist ist, der uns und unser Zusammenleben bestimmt.

Dem Evangelisten Lukas verdanken wir neben der überschwenglichen Pfingstgeschichte eine kleine Erzählung, die von einem Konflikt zwischen Jesus und seinen Jüngern handelt. In dieser Episode werden die Jünger daraufhin befragt, welches Geistes Kinder sie seien. Hören wir die kleine Geschichte als eine Anfrage, die zum Pfingstfest an unsere Adresse gerichtet wird.

(Verlesung von Lk 9,51–57a nach der Luther-Bibel)

II.

Die Quartiersuche ist gescheitert. Jesus und seine Jünger bleiben auf der Straße. Die Verweigerung der Gastfreundschaft kann nicht überraschen. Die Bewohner Samariens sind den jüdischen Festpilgern nicht gewogen. Das hat historische Gründe. Vieles beruht da auf Gegenseitigkeit.

An dieser Stelle ist ein kleiner erläuternder Einschub vonnöten. Die theologische Forschung der letzten hundert Jahre hat herausgebracht, daß Geschichten wie diese nicht dazu erzählt worden sind, um der Nachwelt ein paar Histörchen aus dem Leben des Menschen Jesus anzubieten. Vielmehr sind auch so kleine und scheinbar unbedeutende Geschichten im vorhinein doppelbödig angelegt. Hinzu kommt noch dieses: Wir wissen heute, daß in den biblischen Geschichten die Jünger in der Regel eine ganz bestimmte Funktion haben, sie repräsentieren nämlich die christliche Gemeinde. Wir können diese Linie auch bis zu uns hin ausziehen und sagen: In solchen Geschichten, in denen es um ein Gegenüber von Jesus und den Jüngern geht, vertreten die Jünger uns Christenmenschen. Deshalb gewinnen wir einen guten Zugang zu den Aussagen solcher Geschichten dadurch, daß wir uns selbst fragen, ob wir uns in der Rolle der Jünger wiederfinden. Die historisch-kritische Erforschung des Neuen Testaments gibt uns auf diese Weise eine gute Handhabe, zum Aussagekern vorzustoßen.

Damit wenden wir uns wieder dem Geschehen zwischen Jesus und den Jüngern zu. Die Empörung der Jünger ist verständlich. Die Samariter haben nicht nur irgendwelche jüdischen Gäste abgewiesen. Sie haben – ob bewußt oder nicht – dem Christus die Aufnahme verweigert. Sie machen die Sache der Jünger nicht zu ihrer Sache. Sie verschließen vor Jesus und den Seinen die Tür. Die Geschichte redet von dem Verhältnis der Christen zu denen, die ihnen und ihrer Sache nicht gewogen sind. Noch weiter gefaßt: Es geht hier um das Verhältnis der Christen zu den Andersdenkenden schlechthin. An unserer Art des Umgangs mit anderen, vor allem mit denen, die anders sind, anders denken und handeln als wir, wird sichtbar, wes Geistes Kinder wir sind. Anders ausgedrückt: Unser Verhältnis zu denen, die wir nicht als Gesinnungsgenossen ansehen können, ist der Testfall dafür, ob der Geist der Pfingsten unter uns eine Heimstatt hat oder nicht.

Wie dieser Test bei den Jüngern ausgeht, haben wir gehört. Jakobus und Johannes orientieren sich an dem Propheten Elia, von dem das Alte Testament erzählt, er habe die Gegner des israelitischen Gottesglaubens reihenweise durch Herabrufen des Feuers vom Himmel vernichtet. Entsprechend lautet denn ihr Vorschlag: Wenn du, Jesus, es willst, vernichten wir jene ungastlichen Samariter mit Feuer vom Himmel.

Die Reaktion Jesu auf diesen Vorschlag überrascht in ihrer Härte. Luther übersetzt: »Jesus aber wandte sich und bedrohte sie . . .« Der Meister ist außer sich über die Gedanken seiner Jünger. Bei ihnen wird der Geist der Revanche und des Terrors sichtbar, der die Menschen dazu treibt, Konflikte zu lösen, indem Andersdenkende und Mißliebige ausgeschaltet oder gar vernichtet werden. Die Rückfrage Jesu drückt Trauer und Maßregelung zugleich aus: »Wisset ihr nicht, wes Geistes Kinder ihr seid?« Mit anderen Worten: Merkt ihr denn gar nicht, daß ihr euch selbst untreu werdet als Menschen, die sich für mich entschieden haben? Erkennt ihr nicht, daß ihr mit einem solchen Begehren aus dem Lebensentwurf total herausfallt, den ihr von mir übernommen habt? Jesus spricht nicht die Sprache der frommen Verachtung des Bösen und sagt deshalb auch nicht: Macht euch nicht die Finger an jenen schmutzig; sie werden ihre Strafe schon bekommen! Kein Wort davon! Er geht vielmehr davon aus, daß die Samariter die Freiheit haben, auch vor ihm die Tür zuzuschlagen. Er respektiert ihre Entscheidung und bestreitet ihnen gerade nicht das Recht, sich anders zu verhalten, als die Jünger und er es von ihnen erwarten. Jesus hebt sich wohltuend von jener christlichen Verkündigung ab, die bekehren will und zugleich mit der Verdammnis droht. Nichts geschieht den Samaritern. Jesus und die Jünger ziehen in ein anderes Dorf.

III.

Diese Geschichte hat in der Kirche keine große Karriere gemacht. Das ist in einem zweifachen Sinne gemeint. Zwar hat sich die Redensart »Da sieht man einmal, wes Geistes Kinder sie sind!« in unserem Sprachschatz eingebürgert, aber es weiß kaum jemand, wo sie herstammt. Die Geschichte selbst ist ziemlich unbekannt geblieben. Übrigens ist es sehr bezeichnend, daß die Jesusfrage an die Jünger in der Umgangssprache so abgewandelt worden ist, daß sie sich auf andere bezieht. Wes Geistes Kinder *wir* sind – das ist keine Frage, die man stellt. Die Geschichte hat leider auch im Blick auf ihre Aussage in der Christenheit keine Karriere gemacht. Man hat sich weit mehr an dem Brandstifter Elia orientiert als an dem von den Samaritern abgewiesenen Jesus.
Von Pfingsten spricht man gern als vom Geburtstag der Kirche. Man möchte gern etwas freundlicher von dem Geburtstagskind reden. Indessen, wenn man bei der Wahrheit bleiben will, so muß man sagen: Die Jünger Jesu haben sich durch fast zwei Jahrtausende hindurch der Technik zu bedienen gewußt, Feuer vom Himmel auf diejenigen fallen zu lassen, die anders dachten als sie selbst. Das gilt sowohl im Blick auf die Andersdenkenden innerhalb wie außerhalb der Kirche. Es wäre nun leicht, in eine Schelte der Vergangenheit einzumünden und

von Kreuzzügen und Inquisition, von Ketzerverbrennungen und von kirchlich geduldeten Verfolgungen von Minderheiten zu reden. Indessen, der Umgang mit Andersdenkenden gerade auch *in* der Kirche orientiert sich bis auf den heutigen Tag weithin an dem Verhalten Elias.

Wenige Tage vor dem Pfingstfest 1973 ging die Meldung durch die Presse, der Wiener Kardinal habe dem Theologen Adolf Holl die kirchliche Lehrerlaubnis entzogen. Holl war durch das vielbeachtete Buch »Jesus in schlechter Gesellschaft« bekanntgeworden. Hinter seinen Schriften, Vorträgen und Diskussionsbeiträgen im Fernsehen war die Tendenz sichtbar geworden, nach der Sagbarkeit alter und neuer Dogmen der Kirche zu fragen. So hat ihn das Problem bewegt, inwiefern man heute noch von Jesus als dem Gottessohn reden könne. In der Begründung des Entzugs der kirchlichen Lehrerlaubnis heißt es, der Kardinal habe sich zu diesem Schritt veranlaßt gesehen, weil Holls Lehren zur Beunruhigung des Kirchenvolkes beigetragen hätten.

In der evangelischen Kirche gibt es diese Art des Umgangs mit denen, die anders denken als man selbst, in ähnlicher Weise. Hier sind es weniger die Kirchenleitungen, die gegen Abweichler vorgehen, als vielmehr kirchenpolitisch engagierte Gruppen, die im Namen einer von ihnen als rechtmäßig erkannten Dogmatik immer von neuem die Entfernung der Theologen aus dem Amt fordern, die anders denken und lehren als sie. Solchem Druck haben die kirchenleitenden Stellen bisher nicht nachgegeben. Allein, es ist der Geist, der solche Forderungen aus sich heraussetzt, durchaus erkennbar als der Geist jener Jünger, die die Bewohner jenes samaritanischen Dorfes am liebsten beseitigen möchten. Der Geist der Gewalt hat zu allen Zeiten Möglichkeiten gefunden, Mißliebige mundtot zu machen. Berufsverbot, Kanzelparagraph, Lehrzuchtverfahren – so sehen die Mittel aus, die die Anbeter solchen Geistes prächtig zu handhaben wissen. Amtsenthebung erspart die anstrengende Diskussion. Vor allem entgeht man auf diese Weise der Notwendigkeit, sich selbst in Frage stellen zu müssen. Es kommt einem schrecklichen Urteil über die Kirche und uns Christen gleich, wenn die Feststellung getroffen wird, daß Toleranz und Bejahung der Meinungsvielfalt in den seltensten Fällen von kirchlichen Kreisen betrieben und verteidigt worden sind. Zumeist waren es Menschen außerhalb der Kirche oder doch solche, die als dogmatisch unzuverlässig galten, die im Laufe der abendländischen Geschichte auch dem Andersdenkenden einen Lebensraum erkämpft haben – zumeist gerade gegen den Widerstand der Kirche und der kirchlich eng Gebundenen.

Verlassen wir den Raum der Kirche und sehen wir uns ein wenig auf dem Feld um, auf dem heute viele gesellschaftspolitische Kämpfe ausgetragen werden.

Wir merken dort sehr bald, daß wir ungemein gewalttätig miteinander umgehen und daß es viele Arten gibt, auf Menschen, die anders sind und anders denken als man selbst, Feuer vom Himmel herabzuwünschen. Man erkennt den Geist der Gewalt leicht an dem Ruf nach Verboten. Wer in jedem zweiten Satz die Wendung benutzt »Das müßte verboten werden!«, stellt damit unter Beweis, daß er nicht gewillt ist, das Andersartige zu verstehen. Was seinem Lebensentwurf und seinem Wertsystem widerspricht, das soll dem Verbot anheimfallen. Der Staat ist dann der Himmel, von dem Feuer herabregnen soll. Der Staat soll die Moralvorstellungen, die man sich gemacht oder die man übernommen hat, auch im Privatleben der anderen durchsetzen. Wo man anderen Menschen nicht zubilligt, daß sie ihren Privat- und Intimbereich nach eigenen – auch von der Norm abweichenden – Vorstellungen gestalten, wo der Staat ständig in die Rolle der Gouvernante gedrängt wird, um das, was man selber für richtig hält, auch bei anderen zu garantieren, wo die Verbotszäune nicht hoch genug gezogen werden können, da kommt jener Geist der Gewalt zum Zuge, dem Jesus in unserer Geschichte so entschieden und kompromißlos entgegentritt.

Jener unpfingstliche Geist hat freilich noch andere Waffen in seinem Arsenal. Die einfachste besteht in der lauten Stimme, die den Andersdenkenden einfach niederbrüllt. Feuer vom Himmel, das vernichtet oder doch wenigstens zur Resignation zwingt, kann auch eine akustische Gestalt haben. Der Terror durch Stimmaufwand macht Argumente überflüssig. Er schüchtert ein und entledigt sich der Unbequemen. Wo man niederbrüllt, da geht man auch leicht dazu über, den Andersmeinenden niederzuschlagen.

Elia rottet die Gegner des Jahweglaubens aus. Jesus aber verurteilt seine Jünger, als sie dem Geist der Rache und der Gewalt huldigen.

Viel zu lange haben wir uns bei den Jüngern aufgehalten. Jesus ist so wenig zum Zuge gekommen. Er zieht, als man ihn nicht aufnimmt, in ein anderes Dorf. Nicht einmal die Faust ballt er über denen, die ihn abweisen. Er gesteht ihnen die Freiheit zu, ihn – den Heiland der Welt – davonzujagen. Kein Wort des Hasses oder der Verachtung kommt über seine Lippen.

Unsere Geschichte enthält ein Stück Auseinandersetzung mit dem Alten Testament. Die Forderung der Jünger spielt auf die Elia-Geschichte an, in der der Eifer des Propheten für seinen Gott Menschenopfer kostet. Jesus korrigiert hier das alttestamentliche Gottesbild. Während in manchen Psalmen von dem Gott die Rede ist, der seine Feinde vernichtet und der überhaupt von Zeit zu Zeit auf Erden eigenhändig durch ein Strafgericht seine Interessen vertritt, führt der göttliche Geist, aus dem Jesus lebt und handelt, zur totalen Absage an die

Gewalt, die den Christusgegnern den Garaus macht. Dieser Geist billigt Andersdenkenden Freiheit zu – selbst um den Preis, daß der Christus Gottes zum Leidenden und Verstoßenen wird. Theologen unserer Tage – etwa Dorothee Sölle – haben dem allmächtigen Gott der Religionen den leidenden Gott Jesu Christi gegenübergestellt. Sein Geist ist der Geist *der* Menschlichkeit, die auf Terror und Gewalt verzichtet. Diesem Geist ist das höchste Prädikat zugefallen, das jene antiken Menschen zu vergeben hatten: *Heiliger Geist.*

Vielleicht möchte nun mancher Zuhörer protestieren. Geist der Menschlichkeit, Geist der Liebe – mehr soll der Heilige Geist nicht sein? Wo bleibt da die himmlische Qualifikation, wo das Göttliche? Bleiben wir Menschen mit dieser Bestimmung des Heiligen Geistes nicht in unserem, im rein menschlichen Bereich?

So kann man nur reden, wenn man nicht begriffen hat, daß Gott *Liebe* ist, daß Jesus hingerichtet wurde, weil er sein Reden von Gott deckte durch liebendes Verhalten, durch konsequenten Einsatz für den Nächsten. Wo ein Geist wie der, welcher in unserer Geschichte durch Jesus repräsentiert wird, zur Geltung kommt, da bricht Göttliches in das unter Menschen Übliche ein. Kurz: Wo das geschieht, da ist Gott.

Die Jünger möchten Feuer vom Himmel fallen sehen. Inzwischen – nun rede ich im Bilde der uns vertrauten Pfingstgeschichte – ist längst Feuer vom Himmel gefallen – freilich anders, als Jakobus und Johannes es erwarten und fordern. Dieses Feuer vernichtet nicht. Nein, es rettet, verschont, bewahrt das Leben der Menschen. Es garantiert dem Andersdenkenden die Freiheit, anders zu sein und anders zu handeln. Der Geist der Pfingsten ist da. Lukas nimmt mit unserer Episode seiner großen Pfingstgeschichte schon einiges vorweg. Er stiehlt ihr im 9. Kapitel bereits im vorhinein die Show.

In Anlehnung an einen bekannten Werbeslogan möchte man im Blick auf die Vielgestaltigkeit unserer Gesellschaft, auf die Unterschiedlichkeit der auf engstem Raume praktizierten Lebensentwürfe sagen: Nie war der Geist der Pfingsten so dringend nötig wie heute! Unser Nebeneinander bedarf des Geistes, der auch den Andersdenkenden in Obhut nimmt. Wir sind auf dem besten Wege, einen gesellschaftspolitischen Bürgerkrieg anzuzetteln, in dem alle Menschen über den Leisten geschlagen werden, der nur noch die Kategorien rechts und links kennt.

Wie Jesus in unserer Geschichte, so sucht der Geist der Pfingsten in unseren Tagen Quartier. Vielleicht haben wir noch eine Mansarde für ihn frei. Noch besser wäre es freilich, wir stellten ihm gleich das Wohnzimmer unseres Lebens zur Verfügung.

Pfingsten — Johannes 3,8

Adolf Holl — Das gefährliche Fest

Johannes im dritten Kapitel: Der Wind weht wo er will, und du hörst sein Brausen. Weißt aber nicht woher er kommt und wohin er geht. So verhält es sich mit einem jeden der aus dem Geist geboren ist.

Diese Sätze bringen den Heiligen Geist mit einem wilden Sturm in einen Zusammenhang. Wir werden damit gezwungen, an Plötzlichkeit und Heftigkeit und Wildheit zu denken, eine Richtungslosigkeit wird suggeriert, krachende Äste, klirrende Fensterscheiben, es pfeift im Kamin.

Für den behaglich lebenden Menschen kann solch ein elementares Sausen und Brausen störend wirken, er sorgt dafür, daß die Fenster gut verschlossen bleiben. Und so kommt es dann, daß viele Behaglichkeiten zu einem Grundgefühl zusammentreten, und dieses drückt sich aus in dem Satz: Wir wollen unsere Ruhe haben.

Ruhebedürfnis und Ordnungsbedürfnis in den großen alten Kirchen sind also der Grund dafür, daß Pfingsten und der Heilige Geist bei uns nur eine sehr vorübergehende und flüchtige Beachtung finden. Es ist von Gottvater und Gottsohn in gottesdienstlichen Texten weitaus häufiger die Rede als vom Heiligen Geist. Letzterer ist gelegentlich auch schon der unbekannte Gott genannt worden, und sicher zu Recht.

Bekannter ist der Heilige Geist bei jenen gewesen, die im Lauf einer langen Kirchengeschichte mit dem Bestehenden nicht zufrieden waren. Man hat sie Schwarmgeister genannt und oft auch Ketzer dazu. Hat sie gefürchtet und bekämpft, von Wohnsitzen vertrieben oder nach Amerika fahren lassen, auch hingerichtet hat man sie, und nicht selten in grausamer Weise. Heute werden sie als Sektierer bezeichnet und auch verachtet, von jenen nämlich, die einer schicklichen und landesüblichen Kirche sich zugehörig fühlen.

Von der Gruppe des Montanus im 2. Jahrhundert bis zu den heutigen Zungenrednern in den USA läßt sich diese bestimmte Art von Unruhe erkennen, unberechenbar, spalterisch und eigensinnig, absonderlichen Lebensformen zugetan, vom Frauentausch bis zur strengsten Enthaltsamkeit, immer aggressiv und begeistert und rücksichtslos und wild. Viele solcher Bewegungen sind später seßhaft geworden, haben es zu etwas gebracht, verehren ihre wilden Ursprünge, wie wir das auch tun zu Pfingsten, sind im übrigen mißtrauisch geworden gegen Umstürzler und Abweichler, hüten ihr Erbe.

Es lassen sich Häufungen im Lauf der Zeiten beobachten, Zeiten also, in denen die Schwärmer und Spalter, die Prediger und Enthusiasten kräftiger sich regen als sonst. Im zwölften und dreizehnten Jahrhundert beispielsweise und dann auch im sechzehnten und siebzehnten. In Perioden starker Erregung also, wenn etwas Neues heraus will aus dem Alten.

Noch nie ist von vornherein ausgemacht gewesen, ob aus irgendeinem wilden Aufbruch eine dauernde Kraft wird. Die Wiedertäufer in Münster haben über die Klinge springen müssen, aber manche ihrer Schwärmereien haben die Verfassungen moderner Staaten beeinflußt. Daraus folgt, daß eine jegliche Erneuerung zuerst einmal ein unkontrollierbarer, schockierender Vorgang ist, nie ohne Peinlichkeit für die im herkömmlichen Geleise Dahinziehenden, durchaus unvorschriftsmäßig und skandalös. Erneuerungen werden nicht im Büro entworfen, sie entstehen nicht auf dem Reißbrett. Sondern verwirrend sind sie allemal, blasen Althergebrachtes durcheinander, führen das Närrische und das Anstößige mit sich wie der Wind den Staub, machen Lärm und Aufsehen.

So steht die dritte göttliche Person im Zeichen des undisziplinierten Verhaltens, mit dem aufsässigen Stephanus als erstem Zeugen dafür, schon stehen die Priester bereit, ihn zu steinigen. Pfingsten ist ein gefährliches Fest, ein konfliktreiches Fest. Es gibt triftige Gründe in unserer Kirche, den Heiligen Geist eher zurückhaltend zu behandeln.

Gunther Backhaus

Zuwendung des Schöpfers

Es ist deutlich spürbar: Das religiöse Interesse in unserem Lande wird wieder lebhafter. Das ist besonders bei der Jugend der Fall. Die Siebzehn- bis Zwanzigjährigen an unseren Schulen drängen wieder stärker auf Angebote in den Religionskursen, in denen die Welt der Religion studiert und diskutiert wird oder Fragen aus der Welt des ökumenisch verstandenen Christentums besprochen werden. Vorbei zu sein scheinen die Zeiten, in denen fast alle jungen Leute meinten, nur mit dem Verstand erkennen, vor allem aber Leben gestalten zu können – man sprach besonders gerne von der Ratio. Vorbei sind vor allem die Jahre, in denen man das Zusammenleben der Menschen und die Gesellschaft ausschließlich mit Methoden meinte verbessern zu können, die sonst in der Technik angewandt werden: mit exakten Berechnungen und intaktem Sachverstand. Nicht so, als ob nicht viele von uns weiterhin engagiert wären für eine bessere Welt! Aber vielen ist das Vertrauen in die Pläne auf dem Papier und die Konstruktionsmodelle weltweiter besserer Zukunft stark erschüttert worden, und sie spüren wieder Verlangen nach anderen Quellen. Ob nun im christlichen Bereich wie seit Jahren die etwas sentimentalen Jesus-People oder ob nun als Interesse für östliche Religionen wie verstärkt in den USA – man spricht wieder über die, wie es heißt, primitiven Religionen, und man nimmt die sog. Hochreligionen wieder ernst.

Gewiß – wir haben als Christen oft gesagt: Das alles ist wenig wert ohne die klärende Auskunft, die Christus durch sein Reden und Handeln wie mit seinem Weg durch die Menschheitsgeschichte gibt. Gewiß – es kann aus allgemeinem religiösen Interesse auch ein Sumpf an dumpfer Religiosität entstehen, der schädliche, mitunter gar tödliche Blüten treibt. Aber vorbei sind auch die Zeiten, in denen wir Christen alles für wertlos hielten, was es an religiösen Gedanken *vor* unseren Toren gibt. Aus der kleiner gewordenen Welt schallt es uns allenthalben entgegen: Seid nicht zu rasch fertig mit den Menschen, die sich ohne euer Christentum ihre religiösen Gedanken machen, sondern akzeptiert sie als Gesprächspartner, ob sie nun eure Sprachen sprechen oder fremden Kulturkreisen angehören.

Und so trifft denn eine doppelte Offenheit zusammen: Wir verzeichnen eine beginnende neue Bereitschaft vieler nachdenkender Zeitgenossen, dem rechnenden und berechnenden Verstand nicht einfach alles zuzutrauen, *und* wir verzeichnen die Bereitschaft vieler Christen, diese Beobachtung als Zeichen für einen neuen Morgen echten Glaubens ernst zu nehmen, den wir erhoffen. Ja, sollte diese doppelte Offenheit etwa nicht nur das Ergebnis von Zeitumständen und mancher Enttäuschung sein? Es gibt jedenfalls Christen, die in den angedeuteten Beobachtungen, welche im übrigen von Weltanschauungsspezialisten bestätigt und genauer dargestellt werden, schon ein Stück Pfingstbeobachtung sehen – also Spuren von Gottes eigener Wirksamkeit und vom Wehen des göttlichen Geistes. Nicht vom Brot allein – so hat es uns der Evangelische Kirchentag ins Gedächtnis gerufen. Sicher gehört dazu: Auch nicht vom Verstand allein kommen Zukunft und Leben.

Was nun unsere jungen Leute anbetrifft, so bitte ich um Geduld für eine weitere Beobachtung. Auch von ihr erhoffe ich, daß sie uns an die Schwelle des Christus-Worts bringt: »Nehmet hin den Heiligen Geist.« – Es ist allgemein bekannt, in welch frühem Lebensalter heute Freundschaften geschlossen werden. Es heißt dann: Er hat eine feste Freundin, sie hat einen festen Freund. Mag man nun denken, wie man will, eins ist unleugbar: Die Sehnsucht nach Zuverlässigkeit zwischen Mensch und Mensch wird dabei an die erste Stelle gerückt. Meistens nimmt nämlich einer im anderen wirklich den Menschen wahr – damit ist gemeint: das oft rätselhafte und darin zugleich so reiche Leben im persönlichen Gegenüber. Da ist nicht nur Ausrechenbares, Kalkulierbares. Da hat man es nicht mit einer Apparatur zu tun, die man dann auch verbessern, verändern, gar auswechseln kann. Sondern da ist vor allem einer, der sich als Mensch mir zuwendet und mir darin ein Stück Leben bedeutet – nicht allein eine Lösung oder einen Lösungsbeitrag für diese oder jene Aufgabe, sondern eine Ergänzung meiner Person. Wo sich jemand in umfassender Weise einem Kinde zuwendet, hört man heute oft den Ausdruck »Bezugsperson«; vielleicht kann man sagen, daß gerade frühe Freundschaften oft diese unergründliche Bezugsperson suchen, um ihr zu vertrauen. So jedenfalls deutlich festzustellen in unseren Tagen! Und im Grunde sind sicher beide Beobachtungen fast dieselbe Neuentdeckung: Der einzelne Mensch, von dem wir soeben sprachen, und die Gesellschaft von Menschen, die wir eingangs erwähnten, beide sind nicht allein mit der Ratio regulierbar. Sie sind eben mehr als ein wissenschaftliches oder technisches Objekt – und das wohl nach dem Willen des Schöpfers.

Ich sprach nun von der Erwartung, solche Beobachtungen werden uns beim Verständnis dessen helfen, das wir als den Geist Gottes ehren (viele Christen sagen: beim Verständnis dessen, *den* wir als Heiligen Geist bekennen). Ob wir nicht sagen können: Es geht dabei um die Zuwendung Gottes zu den Menschen? Es heißt da im Bericht zunächst, daß der lebendige Herr zu den Seinen spricht.

»Und da er das gesagt hatte . . .«, das ist schon Zuwendung. Abermals Zuwendung dann, wenn wir hören: »Er blies sie an.« Wir denken daran, daß die Alten für Atem, Leben und Geist ein und dasselbe Wort hatten, daß Jesus also hier als Spender des Lebens und als Wegweisung geschildert wird. Und man fühlt sich erinnert an das großartige Bild aus dem Schöpfungsbericht: Der Schöpfer zeichnet den Menschen, sein Geschöpf, durch seine besondere Zuwendung aus – er »bläst« ihm den Odem ein. Das ist gewiß nicht nur das biologische Lebendigsein, sondern dem Menschen ist mehr zugedacht. Dem Menschen ist zugedacht, »am Leben« zu sein, Leben zu haben, Leben zu *sein*. Menschen sind eben nicht nur Apparaturen, die funktionieren oder Funktionsstörungen haben (obwohl sie auch dies an sich und anderen bemerken und nach Kräften dagegen angehen). Menschen erfordern nicht nur Auskünfte, die gegeben werden, nicht nur Reparaturanweisungen. Sondern wir alle warten auf den, der sich uns in guten und klaren Worten zuwendet und der uns doch zugleich mehr gibt und bedeutet als eine Auskunft oder eine Betriebsanweisung. Keine Rede natürlich davon, daß dies einfach mit einem neuen Modewort »irrational« belegt werden dürfte. Nein: Ohne klare Ansprache keine Zuwendung Jesu Christi! Keine Rede aber auch davon, daß sich in Belehrung erschöpft, was uns zugedacht ist; und auch christliche Belehrung reicht nicht aus, ein Dasein zu bauen und nachzubauen, das zureichend wäre. Hinter dem Wort und in dem Wort steht die Person, die sich mir mitteilt (und das Abendmahl öffnet und weitet uns für diese Selbstmitteilung Gottes).

Weil das so ist, hat die christliche Gemeinde wohl recht, wenn sie es einigen Sprechern des Neuen Testaments gleichtut und bekennt: Die Zuwendung Gottes, die wir Geist nennen, ist nicht etwas Dingliches, und sie ist ebensowenig ein Gedanke. Die Zuwendung ist Gott selbst, wie denn schon in jeder Zuwendung unter Menschen die Person enthalten ist. Diese Selbstmitteilung ist die Art, in der Christus seit seinem äußeren Abschied von seiner Anfangsgemeinde handelt. »Nehmet hin den Heiligen Geist«. Und nur zu natürlich, daß wir hoffen und beten: Mögen viele Menschen unserer und kommender Jahre, deren Offenheit für religiöse Fragen vielleicht nicht umsonst geweckt wurde, sich der Zuwendung Jesus Christi öffnen. Dann werden sie ihren Verstand auch weiterhin fleißig und zum Besten aller benutzen. Aber ihre Ratio wird frei sein von Selbstüberheblichkeit (und ebenso wird natürlich nichts Irrationales im Leben zum Götzendienst werden). Diese Befreiung kann man in den Schlußworten jener Szene ausgesprochen finden, wo es heißt: »Welchen ihr die Sünden erlasset, denen sind sie erlassen.« Die Selbstillusion des Menschen wird abgetan und überwunden, und das Wirken auch des kritischen Menschengeistes wird gereinigt – fast möchte man sagen: geadelt. Wort und Geist Christi trennen mich über die Zeiten hinweg vom falschen Gebrauch meiner Kräfte, und ich begegne auch darin der Zuwendung des Schöpfers. Er beginnt mit Pfingsten aufs neue sein Werk.

Homiletische Arbeitsgruppe
Arens – Richardt – Schulte

Das Fest der Veränderung

»Inkonsequent« hat Lothar Zenetti den folgenden Text überschrieben:

Frag hundert Katholiken
was das wichtigste ist
in der Kirche.
  Sie werden antworten:
  die Messe.

Frag hundert Katholiken
was das wichtigste ist
in der Messe.
  Sie werden antworten:
  die Wandlung.

Sag hundert Katholiken
daß das wichtigste in
der Kirche die Wandlung ist.
  Sie werden empört sein:
  Nein, alles soll bleiben,
  wie es ist.

»Alles soll bleiben, wie es ist!« Wäre das das Motto des christlichen Glaubens, dann müßte man die Pfingstgeschichte so erzählen:
Als der Pfingsttag gekommen war, befanden sich alle am gleichen Ort. Sie freuten sich, beieinander zu sein.
Am Himmel regte sich kein Lüftchen!
So kam es, daß sie friedlich unter sich blieben. Es störte sie keiner – wer sollte sie auch schon stören? Sie frischten Erinnerungen an Jesus auf; sie erzählten sich dies und jenes – und das konnten sie in ihrer eigenen Sprache. Die Fenster öffneten sie nur gelegentlich, um ein wenig zu lüften.
In den Straßen um ihr Haus herum tummelten sich an diesem Tag Leute aus aller Herren Ländern: Parther, Meder, Elamiter, Bewohner von Mesopotamien, Kappadozier – wie gesagt, aus aller Herren Ländern. Sie unterhielten sich über vieles, manche auch über Jesus und seine Anhänger: »Man hört nichts mehr

von der Sache. Sie scheint sich erledigt zu haben!« Dann wechselten sie das Thema und sprachen wieder über die Schriftauslegung von Rabbi Benjamin am Morgen in der Synagoge. Sie gingen weiter, ohne etwas erlebt zu haben – der Pfingsttag, ein Tag wie jeder andere!

In der kleinen Gruppe aber hielt Petrus eine Rede: »Liebe Freunde in der Erinnerung an Jesus! Inzwischen haben wir uns daran gewöhnt, daß unser Freund Jesus nicht mehr bei uns ist. Von den Juden haben wir nichts mehr zu befürchten, denn langsam haben sie sich beruhigt. Warum sollten wir von der Sache wieder anfangen? Wir haben unsere Ruhe. Das ist gut so, das soll so bleiben! Dann und wann wollen wir uns treffen, um das Andenken an ihn in Ehren zu halten. Im übrigen soll alles so bleiben, wie es ist. Das ist für die Beteiligten das Angenehmste. Fremde können in unserer Gruppe nur stören.

Soweit Petrus.

Die Jünger trafen sich noch öfters, wurden älter, fingen an, sich zu langweilen – und die Mittelmäßigkeit erlebte Höhepunkte. Mit den Jahren starben sie. So ging die Sache Jesu zu Ende. Man redete nicht mehr viel darüber, denn Belanglosigkeiten haben das gleiche Schicksal wie Eintagsfliegen.

Die Sache Jesu wäre im Sand der Bedeutungslosigkeit verlaufen, gäbe es Pfingsten nicht. »Alles soll bleiben, wie es ist!« – das ist eine anti-pfingstliche Haltung, die mit tödlicher Sicherheit positive Entwicklungen verhindert und begeisternde Entfaltung hemmt.

Ein Kind muß nach neun Monaten den Mutterschoß verlassen; es muß schließlich auch die Geborgenheit des Elternhauses verlassen, muß den Schritt in die Schule tun. Es kann aber auch nicht ewig Schüler bleiben, sondern muß selbständig werden und einen Beruf ergreifen. Es muß sich irgendwann aus der Familie lösen und eine neue Gemeinschaft eröffnen oder sich ihr anschließen. Diese Entwicklung der Schritte nach vorn gilt es zu fördern, will man das Leben nicht beeinträchtigen, drosseln oder gar ersticken.

»Alles soll bleiben, wie es ist!« – eine Haltung, die Entwicklung, Entfaltung und Leben hemmt. Eine Haltung, die auch das Leben der Kirche hätte ersticken können. Denn Kirche ist etwas Lebendiges und entwickelt sich nach den Gesetzen des Lebens. Eines dieser Gesetze heißt Veränderung. Ohne den Kolumbus-Mut eines Paulus wäre die Kirche eine kleine Nationalgemeinde geblieben; durch den Mut zur Veränderung wurde sie zur Weltkirche. Die Geschichte der Kirche ist eine Geschichte des Mutes zur Veränderung – trotz aller beharrenden Elemente. Petrus, Paulus, die Missionare des Mittelalters, Theologen und Wissenschaftler, die trotz Inquisition und Imprimatur es gewagt haben, nach vorne und in die Zukunft zu denken. Nicht zuletzt der, der vor 10 Jahren am Pfingstfest starb: Johannes XXIII.

Die erste Erfahrung mit dem Heiligen Geist, wie sie in der Apostelgeschichte geschildert wurde, ist eine Erfahrung von Bewegung und Veränderung. Petrus verläßt den zu engen Raum und ergreift das Wort in der Öffentlichkeit, ebenso nach seinem Vorbild die Jünger. Aus ängstlichen Menschen werden mutige, aus Schweigenden und Schüchternen werden überzeugende Verkünder. Aus einer geschlossenen Gesellschaft wird eine öffentliche Gemeinde, aus einer nationalen Gruppe die Weltkirche. Pfingsten ist ein Fest der Veränderung in der Kirche. Im Heiligen Geist erblicken wir den Initiator dieser Veränderung.

Dadurch, daß Gott hier die Initiative ergriffen hat, hat er uns zur Beweglichkeit ermächtigt und ermutigt. Er veranlaßt die Kirche immer wieder, herauszugehen aus dem vertrauten Rahmen, Schritte nach vorne zu tun, sich nicht einzupanzern und abzuschließen.

Ein Rektor der Havard-Universität war dafür bekannt, daß er in der Hochschulpolitik und im Erziehungswesen der Vereinigten Staaten viele Veränderungen eingeleitet hatte. In seinem Büro, so wird berichtet, hatte er das Bild einer Schildkröte hängen mit dem folgenden Text: »Nimm dir ein Beispiel an der Schildkröte! Sie kommt nur vorwärts, wenn sie ihren Kopf unter ihrem Schild hervorstreckt.«

Pfingsten — Apostelgeschichte 2,1–7

Jürg Kleemann — Erfahrungsaustausch

die Predigt gemacht. Bei der
kommen, daß Pfingsten ein
Mit Ostern oder Weihnachten
ssende Frühlingslandschaft
en oder kaufen, so doch
end leicht tut sich auch die
sten abbilden, welche Sprü-
e ersparen: wer sucht denn
ken? Wer weiß auch über-

Gedanken im »Streiflicht«
teren Wort geistigen Dieb-
ze daraus zum besten gebe:
nstens der Heilige Geist ein,
es Festnamens aus dem grie-
nach Ostern bedeutet. Aber
allgemeinen Säkularisierung
Prediger stochern an diesem
t der Glaubensfahne im

ch froh sein, daß mir die Zei-
ch herumgestochert? Ander-
g noch schnell eine neue Pre-
inmal weiterzublättern, und
e Überschrift im Lokalteil:

en: das war nach bester dog-
r im Lokalteil *kein* Problem
mehr, was auf der ersten Seite Kopfzerbrechen bereitete. Ein langer Artikel zum Thema »Pfingsten« lag da vor mir und bewies jedenfalls: Dem Reporter war im Gegensatz zu mir etwas eingefallen. Ihm war nichts nebulos, ganz entschieden behandelte er das Thema handfest und konkret. Zu Ihrer Orientierung ein paar Sätze aus der Zusammenfassung: »In München, der Stadt mit dem größten

Ausländeranteil in der Bundesrepublik (13,2 Prozent), bieten rund 40 katholische Ausländerseelsorger den verschiedensten Nationalitäten und Völkern . . . Verbindung zur Heimat an. Und fast immer ist die religiöse und kulturelle Betreuung verbunden mit der Bereitschaft zu sozialer Hilfe.«

Kann man, darf man so über das Thema »Pfingsten und Heiliger Geist« schreiben? Sogar noch ein Foto dazu bringen? Warum eigentlich nicht? Warum den Heiligen Geist immer nur als gelehrtes Aufsatzthema traktieren, definieren und Worte über Worte machen? Vielleicht müssen zwischen Sonntagsgottesdienst und Alltagsleben erst jahrhundertealte dicke Kirchenmauern errichtet werden, um den Heiligen Geist derart als Predigtthema zu mißhandeln?

Warum eigentlich erzählen wir uns heute und hier keine Geschichten, ähnlich denen, die der Reporter gesammelt hat? Ähnlich auch dem biblischen Text, den wir nach kirchlicher Tradition uns heute in Erinnerung rufen! Ich lese ihn nun vor und bitte Sie: Fragen Sie sich beim Zuhören, ob Ihnen je selbst solche Erlebnisse zugestoßen sind, ob Sie uns also etwas erzählen könnten?

(Hier wird der Text verlesen)

Gewöhnlich denken wir ja bei biblischen Texten an alles andere als an eigene Erfahrungen. Ich jedenfalls denke an die Schule, wo ich immer steckenblieb bei den schwierigen Völkernamen, und dann denke ich an das, was ich später theologisch gelernt habe darüber. Deshalb bin ich schon froh, daß die Zeitung wiedergutmachte, was sie mir genommen hatte: Der Pfingstartikel über die Ausländerseelsorge brachte mich auf einen Gedanken, den ich nun als Frage weitergebe an Sie: Sollte ein richtig und christlich gefeiertes Pfingstfest nicht als Erfahrungsaustausch veranstaltet werden? Sollten wir nicht Fotos mitbringen und an die Kirchenmauern heften? Gesucht wären Bilder gelungener Verständigung in Situationen, die normalerweise die Geister scheiden. Das könnten Abbildungen aus dem monatlich erscheinenden Informationsblatt des Weltrates der Kirchen in Genf sein, dessen Grußbotschaft wir heute hörten. In Ökumene und Mission fehlt es bis heute nicht an Erfahrungen mit dem Geist, der Menschen zusammenbringt. Nur, es geht auch um den Lokalteil der Ökumene, also um Fotos aus der Arbeit der Gemeinde hier am Ort, um Berichte von der Zusammenarbeit mit dem katholischen Pfarramt in der Altenbetreuung, von der gemeinsamen Planung mit den Jusos für Gastarbeiterkinder . . . Sie schauen mich kopfschüttelnd an: das alles tut sich bei Ihnen ja gar nicht? Das katholische Pfarramt hält sich zurück, die Jusos sollen ihre Revolution lieber alleine vorantreiben?

Nun gut, dann eben andere Bilder, andere Geschichten!

Aber bitte in diesem Fall einmal keine biblischen.

Ihnen bleiben in besonderem Maße Weihnachten und Ostern reserviert, weil Gott da seinen Anfang macht. Wenn wir nun Pfingsten unseren Geschichten Raum geben, dann legen wir Rechenschaft ab: Gottes Anfang hat Fortsetzung gefunden. Ein Erfahrungsaustausch ohne unsere eigene Stimme, ohne lebendigen Atem der Gemeinde läßt auch Weihnachten und Ostern verkommen: Gott ist tot, die Bibel eine Sammlung toter Texte und wir fachsimpelnde Schriftgelehrte zum Thema »Heiliger Geist«. Den ersten Christen war das weniger ein Thema als Anlaß, zu den überlieferten Hoffnungen der Propheten neue Geschichten gelungener Verständigung mit Juden, Griechen und unbekannten Völkern hinzuzufügen. Aber Vorsicht mit der Berufung auf die Urgemeinde! Sie darf nicht zum Ideal verzeichnet werden. Freilich, eine evangelische, katholische, orthodoxe Kirche und die damit verbundenen Spaltungen gab es noch nicht. Aber dafür Streit zwischen Gruppen, etwa Judenchristen, Heidenchristen, Täufersekten und Anhängern einzelner Apostel. Ausgerechnet der große Pfingstredner Petrus wird uns in der Apostelgeschichte auch als streitbarer Gegner des Paulus vorgestellt. Hat Lukas uns dann mit Pfingsten eine schöngefärbte, weinselige Illusion vorfabriziert? Kann der Reporter guten Gewissens von *einem* Geist reden bei Ausländergemeinden, die sich oft spinnefeind sind oder andere Glaubensgenossen ignorieren?

So fragen läßt uns schärfer sehen: Die gesuchten Pfingstgeschichten und Fotos sind keine Paradiesgeschichten. Sie handeln in einer Welt, in der Klassenunterschiede mehr denn je trennen, eine farbige Haut wenig wert und ein Asozialer unheimlich ist. Wir sind in München Zeugen des Hasses zwischen Arabern und Israelis, der Abneigung weißer Hausfrauen gegen schwarze Studenten, der Sprachlosigkeit im Umgang mit politischen Gegnern, der Hilflosigkeit gegenüber Rockern.

Besteht da die Neugierde des Reporters nicht zu Recht? Die Erwartung, daß dort, wo sich Leute als Christen sammeln, andere Geschichten zu hören sein müßten? Eine Kurzgeschichte nur, aber eine Ahnung, eine Andeutung, die mehr sehen läßt als eine babylonisch zerspaltene Welt? Brauchen wir als TV-Zuschauer, als Zeitungsleser nicht solche Berichte wie den über Ausländerseelsorge – und wenn's auch nur eine bescheidene Erfahrung ist angesichts der Möglichkeiten, die wir mit »Heiliger Geist« offen sehen.

Bescheiden, damit wollte ich sagen:

Schade, daß darin mehr Pfarrer als Laien handeln, und auch, daß es keine Geschichte gemeinsamer Arbeit mit den Evangelischen wurde. Schade auch, daß es nichts zu berichten gibt von Festen und Freundschaften mit ortsansässigen Christen. Jammerschade, daß Sie und ich also nicht vorkommen. Wo hätte

man auch ein Foto von uns und Ausländern machen können? Wo wir immer noch die Grenzen zu ernst nehmen und am liebsten nur mit behördlichem Schutz und Auftrag samt einer Art Paß mit ihnen Kontakt aufnehmen! Zugegeben: wenn wir uns schon mit unserer jungen Generation oder zwischen Theologen und Laien kaum verständigen können, wie sollen wir da mit Italienern, Franzosen, Türken reden?
Aber: wo reden wir denn überhaupt noch außerhalb der Grenzen, die uns Beruf, Einkommensschicht, Alter und Wohnviertel ziehen? So fragen heißt nicht mit einer Anklage, sondern eher mit einem Wunsch schließen:
Daß wir uns demnächst einmal Fotos vorzeigen können, die uns beim Grenzübertritt ertappen. Daß wir uns bald einmal zu einem Pfingstgottesdienst treffen, den nicht die Pfarrer, sondern alle gestalten mit Abenteuergeschichten von den vielen Grenzen und dem einen Geist. Keine Angst, die Pässe liegen in Ihrer Schublade: Auf Wunsch stellt Ihnen das Pfarramt auch gerne einen neuen Taufschein aus, damit Sie es schwarz auf weiß haben: ein Anfang ist gemacht. Nun gilt es, Erfahrungen zu sammeln.

Martin Adam

Man muß es ausprobieren

Das Kirchenjahr ist wie eine schon lange verlegte Bahnlinie mit festen Stationen: Wir als Gemeinde sitzen in einem Zug, der immer wieder an den altbekannten Stationen hält. Auf den Schildern lesen wir »Weihnachten« – »Ostern« – und heute »Pfingsten«. Auf jeder Station machen wir kurze Rast, ein, zwei Tage, dann lassen wir uns weiter durch das Kirchenjahr tragen. Ich will jetzt nicht von denen reden, die irgendwann einmal die Geduld verloren haben auf der Reise, weil sie immer nur Zeit und Geld in diese kirchliche Bahnlinie investierten, ohne sichtbaren eigenen Erfolg; ich rede also nicht von denen, die aus Enttäuschung endgültig ausgestiegen sind und ihr Glück auf anderen Zügen versuchen – ich will von *uns* heute reden, die wir jetzt gerade auf der Station »Pfingsten« halten. Weihnachten, Ostern – da könnte jeder von uns sagen, was es an diesen Stationen des Kirchenjahres zu bestaunen und mitzunehmen gibt. Aber Pfingsten?

Fragen wir doch den studierten Pfarrer. Der antwortet: »Pfingsten ist der Geburtstag der Kirche, wir feiern ihn jedes Jahr, damit wir an den ersten Anfang, an die kleine Urgemeinde in Palästina denken und auch daran, wieviel sich heute zum Guten und zum Schlechten geändert hat bei uns.« So antwortet der Pfarrer, und vielleicht fällt bei ihm auch noch das Stichwort »Heiliger Geist«.

Pfingsten – Geburtstag – wir als Geburtstagskinder – die Frage ist erlaubt und stellt sich wie bei jedem Geburtstag: »Was kriegen wir denn geschenkt?« Ein Geburtstag ohne Geschenke ist nur eine halbe Sache, das weiß doch jedes Kind! Also, was will Pfingsten uns geben, damit wir es annehmen, mitnehmen und uns freuen? Pfingsten ist die Station des Kirchenjahres, wo wir besonders deutlich auf das Angebot, das Geschenk »Heiliger Geist« stoßen.

»Heiliger Geist« – da ist es wieder, das seltsame Stichwort von vorhin, bei dem jeder sich etwas anderes und sehr Verschwommenes vorstellt. In der Bibel, wenn wir sie zu Rate ziehen, scheint »Heiliger Geist« immer etwas mit Überraschung, Hingerissensein, kraftvoller Begeisterung zu tun zu haben. Am besten übersetzt man »Heiliger Geist« jedoch mit: *»ein ganz neues Leben anfangen dürfen«*.

Denn dieses ganz neue Leben ist gemeint, wenn einem trostsuchenden schuldigen Menschen die Kraft des Heiligen Geistes zugesagt wird. Und dieses ganz neue Leben ist gemeint, wenn damals ein Erwachsener im Namen des Heiligen Geistes getauft wurde, das hieß damals: aus dem alten Leben hinübertreten in den Glauben, in die Freiheit der Kinder Gottes.

Und heute? Wie sieht dieses Geschenk des Heiligen Geistes für uns aus? Was dürfen wir aus diesem Pfingstgottesdienst, der ja eine Geburtstagsfeier ist, mit nach Hause nehmen als Geschenk? Auch uns trifft das Angebot des Heiligen Geistes, nämlich »ein ganz neues Leben anfangen dürfen«.

Ein neues Leben anfangen – das wünscht sich doch jeder von uns ab und zu, wenn Traurigkeit, Müdigkeit und der Verlust von lieben Menschen uns überfallen wie ein schwarzer Nebel, wenn der Berg von aufgehäufter Schuld drohend vor uns steht. Das alte Leben, der alte Trott zwischen Aufwachen und Einschlafen – wie ein undurchsichtiges, undurchdringliches Netz fesselt er uns alle. Die Sehnsucht nach dem ganz neuen, menschlich gelungenen Leben ruft mit unüberhörbarer Stimme nach Erfüllung.

Wie dieses ganz neue Leben aussehen könnte auf dem Hintergrund des »Normalen«, im Gegensatz zu dem alten Trott, das zeigt ein kurzes Gedicht eines Schweizer Pfarrers.

Ich lese:

»als sie mit zwanzig
ein kind erwartete
wurde ihr heirat
befohlen

als sie geheiratet hatte
wurde ihr verzicht
auf alle studienpläne
befohlen

als sie mit dreißig
noch unternehmungslust zeigte
wurde ihr dienst im hause
befohlen

als sie mit vierzig
noch einmal zu leben versuchte
wurde ihr anstand und tugend
befohlen

als sie mit fünfzig
verbraucht und enttäuscht war
zog ihr mann
zu einer jüngeren frau

liebe gemeinde
wir befehlen zu viel
wir gehorchen zu viel
wir leben zu wenig.« (Kurt Marti)

»Wir leben zu wenig« – das ist mit anderen Worten dasselbe, als wenn ich das Angebot des Heiligen Geistes, nämlich ein ganz neues Leben anfangen zu dürfen, verkümmern lasse und gar nicht sehe. Deshalb, damit dieses neue Leben nun auch tatsächlich gesehen wird und begonnen, deshalb sind wir heute morgen hier zusammen und denken über Pfingsten nach und über das Geburtstagsgeschenk, den Heiligen Geist. Wir alle bekommen ihn angeboten, keiner bleibt ausgeschlossen vom neuen Leben, das durch Gottes Wort und Gottes Liebe beginnen kann. Es ist nie zu früh und nie zu spät dafür, dies Geschenk der neugewonnenen Freiheit anzunehmen und einfach ab heute einmal auszuprobieren.

Man muß es *ausprobieren*, ob es geht, daß ich mehr lache, mehr Freude zeige, mehr Mut mache, weniger befehle. Man muß es ausprobieren, wie es auf andere völlig überraschend wirkt, wenn ich ihnen Sympathie zeige und Zeit für sie habe. Das alles erreicht bei uns die Kraft des Heiligen Geistes, wir fangen ein ganz neues Leben an und machen rundum einfach einen gelösten und erlösten Eindruck. Gelöst von dem Druck des alten Trotts und erlöst von den ewigen Selbstvorwürfen und Anklagen gegen Gott und die Welt. Christen, die das neue Leben in der Kraft des Heiligen Geistes ausprobieren, wirken überraschend auf andere und stecken andere an, damit die es doch auch einmal so probieren.

Jetzt kann einer sagen »Halt! – was heißt hier: andere? Das Geschenk des Heiligen Geistes gibt es nur für *Gottes* Geburtstagskinder, die Christen, die Kirchentreuen, die Bibelleser, die Konfirmierten!«

Dieser Halt-Ruf, den ich da eben erfunden habe, ist gar nicht neu, er erklang schon in der allerersten Urgemeinde in Jerusalem. Es war der Ruf: »Halt! Jesus, der Messias, kommt nur zu den gläubigen Juden, die nach der religiösen Sitte beschnitten sind – nicht aber zu allen möglichen unbeschnittenen Heiden!« Der folgende Text aus der Apostelgeschichte zeigt das noch deutlich: *(Textlesung)*

Wir sehen hier, wie das Geschenk des Heiligen Geistes, nämlich ein ganz neues Leben anfangen zu dürfen, für *alle* gegeben wird, auch für Nichtjuden, auch für Wildfremde. Die Bibel zeigt z. B. im Galaterbrief des Paulus noch klar, wie skandalös viele Urchristen, viele jüdische Christen also, die Tatsache empfanden, daß Gottes neues Wort über das Volk Israel hinaus auch für Nichtjuden gelten sollte. Paulus hat sich mit seiner Meinung durchgesetzt und hat Mission über Israel hinaus betrieben. Sonst gäbe es heute keine Weltkirche und keine deutschen Gemeinden. Paulus hat also den »Halt«-Ruf nicht mitgemacht, weil er sehr gut wußte, daß schon Jesus selber immer gerade zu den Menschen ging, bei denen alle Welt entsetzt »Halt« rief: den Verachteten, den religiös Rechtlosen, den gesellschaftlich Ausgestoßenen.
Und das ist genau unser Problem: Wollen wir das Geburtstagsgeschenk, das wir von Pfingsten her bekommen haben, ganz für uns allein behalten? Wollen wir den Heiligen Geist in die Tasche stecken und für andere verstecken? »Ein ganz neues Leben anfangen dürfen«, so heißt das Geschenk an uns. Das kann doch bitte gar nicht ohne Folgen bleiben! Da kann doch keiner von uns »Halt« rufen, wenn andere dieses neue Leben nicht nur bei uns spüren wollen, sondern es auch für sich ausnutzen wollen.
»Ausnutzen«, ich glaube, das ist das richtige Wort dafür: Christen, die das ganz neue Leben anfangen durften, die kann man dann eben zum Guten ausnutzen, sie lassen sich gerne von anderen benutzen. Oft geht das so weit, daß man selber »Halt« rufen möchte, weil alle Welt mit ihren Sorgen an der Haustür steht und Hilfe haben will. Gewiß, ab und zu darf ich auch die Klingel einmal abstellen – aber wer in seinem Herzen auf Dauer die Klingel abstellen wollte, der könnte sich doch wohl nicht gut einen Christen nennen. Ein solcher hartherziger Mensch gleicht einem Geburtstagskind, das reich beschenkt wurde und nun gierig lachend vor seinem Geschenkeberg hockt, alles mit seinen Armen umgreift und vor anderen schützt. Die anderen Kinder, arm an Geschenken, drükken sich sehnsüchtig die Nasen an der Scheibe platt. Sie dürfen nicht mitspielen. Sie sollen draußen bleiben.
Können wir denn im Ernst so sein wollen? Die Gabe des Heiligen Geistes, das ganz neue Leben anfangen zu dürfen, ist doch für alle da – wir hörten es vorhin in der Apostelgeschichte. Jeder, der Gottes Güte haben will, jeder, der nach Gottes Willen fragt, ist herzlich willkommen! Und wir geben gerne und reichlich, was wir selber geschenkt bekamen: Zuspruch, Zeit, Humor, Erfahrung, alles. Geburtstag haben heißt Geschenke bekommen und andere zur Mitfreude einladen, zum Mitspielen. Pfingsten ist wie Geburtstag: Der Heilige Geist schenkt uns ein ganz neues Leben. Wir wollen das nicht für uns allein wegstecken, son-

dern andere zur Mitfreude einladen und sie mit allem Notwendigen beschenken. Es ist Gottes Wille, sein Geschenk hört nicht auf, darum können wir weiterschenken.

Wir verlassen jetzt die Station »Pfingsten«, ermutigt und beschenkt. Denen, die mit uns reisen, oder denen, die uns von draußen erwartungsvoll ansehen, wollen wir in Gottes Namen etwas abgeben vom Heiligen Geist – sie sollen ein ganz neues Leben anfangen dürfen.

Pfingsten — Galater 4,6b

Theodor Lorenzmeier

Der Geist Christi und wir Christen

Im Brief an die Galater schreibt Paulus: »Gott hat den Geist seines Sohnes in unsere Herzen gesandt« (Gal 4,6b). Damit ist kurz und bündig gesagt, was »Pfingsten« meint, nämlich daß der Geist Jesu Christi mit dem Tode Jesu nicht dahin ist. Vielmehr: er ist in die Existenz der Christen eingegangen. In ihnen und durch sie erweist er sich als lebendig und wirksam.
Ich will jetzt nicht lang und breit ausführen, was Paulus im Zusammenhang mit diesem Worte noch alles sagt. Ich möchte mich beschränken auf das Thema: der Geist Christi und wir Christen.

I.

Paulus also schreibt den Christen in Galatien, daß sie den Geist Jesu Christi empfangen haben. Gilt das auch für uns? Vielleicht erscheint uns das sehr fraglich. Wir wissen, daß wir keine idealen Christen sind, jedenfalls nicht das, was man sich so landläufig unter einem idealen Christen vorstellt, nämlich einen Menschen ohne Fehl und Tadel. Nun, die Christen in Galatien waren auch alles andere als ideale Christen. Paulus wirft ihnen in seinem Brief vor, daß sie drauf und dran sind, sich vom Evangelium Jesu Christi abzuwenden. Er beschwört sie geradezu: Ihr habt doch den Geist Christi empfangen, also lebt nun auch dementsprechend. Dieser Satz gilt auch für uns.
Wieso aber haben wir den Geist Christi empfangen? Ich nehme an, daß keiner von uns so etwas wie ein »Pfingstwunder« erlebt hat in dem Sinne, daß der Geist Gottes sozusagen vom Himmel her über ihn kam. Wie aber ist er dann zu uns gekommen, wenn er wirklich in uns ist? Nun, er ist uns überkommen durch Menschen: durch jene Menschen, die einst die Botschaft Jesu Christi weitererzählt und aufgeschrieben haben; weiter durch jene, die sie durch all die Jahrhunderte hindurch auf mancherlei Weise weitervermittelt haben; schließlich durch jene, die uns – bewußt oder unbewußt – im Geiste Jesu beeinflußt haben, weil sie selber durch ihn beeinflußt waren beziehungsweise sind. Grundsätzlich geht die Beeinflussung durch den Geist Jesu Christi also nicht anders vor sich als andere Beeinflussungen auch, nicht anders als etwa die durch den Geist des Elternhauses oder die durch den Geist von Karl Marx.
Wir alle sind – entscheidend schon in unserer Kindheit – auf vielfältige Weise

beeinflußt worden. Unser Leben, unser Denken und Empfinden, Sinnen und Trachten ist bestimmt durch unzählig viele und verschiedenartige Einflüsse, durch gute und böse Einflüsse, denen wir ausgesetzt waren oder denen wir uns aussetzten. Und täglich setzen wir uns neuen Einflüssen aus. Der Zeitungsartikel, den wir lesen, der Rundfunkkommentar, den wir hören, das Fernsehstück, das wir sehen – das alles und vieles andere mehr übt einen so oder so gearteten Einfluß auf uns aus. Die Frage ist: wie steht es bei diesen vielen Einflüssen, die wir erfahren haben und erfahren, mit dem Einfluß des Geistes Christi bei uns? Ich meine: keiner von uns ist leer ausgegangen. Hat nicht jeder erfahren, daß da Menschen waren, die ihm durch Wort und Tat etwas vom Geist Jesu Christi vermittelt haben – vom Geist jener Menschenfreundlichkeit, die Jesus gelebt hat? Eine andere Frage ist, ob es wirklich dieser Geist ist, der letztlich unser Leben bestimmt, oder ob wir nicht doch von einem anderen Geist innerlich beherrscht sind.

II.

Nietzsche hat einmal gesagt: Erlöster müßten die Christen aussehen, wenn ich an ihren Erlöser glauben sollte. Da ist etwas Wahres dran. Wenn man unser kirchliches Tun und Treiben betrachtet: Wieviel Verkrampftes und Gequältes tut sich da kund, gerade auch da, wo man sich so betont fröhlich gibt! Diese Fröhlichkeit wirkt so gewollt. Und wie gequält sehen manche Menschen aus, die – wie man so sagt – »mit Ernst« Christen sein wollen. Ja, sie sind es, Christen »mit Ernst« – mit zuviel Ernst. Sie fühlen sich offenbar ständig irgendeinem Glaubenssoll oder irgendwelchen Forderungen ausgesetzt, die sie nicht oder nur ungenügend erfüllen können. Sie blicken so vorwurfsvoll drein, als müßten sie sich selbst und anderen immerzu etwas vorwerfen. Sie sehen so aus, als sei das Leben eine Strafe, die man sein Leben hindurch abzubüßen habe.
Man fragt sich: Wieviel gequälte und kranke Menschen hat die Kirche auf dem Gewissen? Eine Untersuchung hat ergeben, daß 40 von 100 Selbstmordgefährdeten kirchlich geschädigt sind. Die Psychiatrie hat für nervlich-seelische Erkrankungen, die durch Religion und Kirche verursacht worden sind, sogar eine spezifische Bezeichnung: ekklesiogene Neurosen. Das gibt zu denken. Was ist das für ein Christentum, das Menschen krank gemacht, das sie im Namen Gottes dem Geist der Qual ausgeliefert hat? Was für ein Gottesverständnis, was für ein Plagegott beziehungsweise Plagegeist ist solchen Menschen vermittelt worden?
Ich hoffe, daß wir – bei allen Mißverständnissen, denen wir erliegen mögen – wenigstens dies eine begriffen haben, daß der Geist Christi und also der Geist

Gottes kein Quälgeist ist, sondern der Geist, der den Geist der Qual austreibt. »Leben soll keine Straf' sein« (B. Brecht). – Jesus rief die Mühseligen und Beladenen zu sich, um sie zu erquicken: »Hierher! / Zu mir, Geknechtete: / eingespannt in das Joch, / wie ihr seid, und erschöpft von der Last! / Ich will euch ausruhen lassen« (Mt 11,28). Er trieb Dämonen aus, das heißt: er befreite Menschen von dem, was sie quälte, was ihnen das Leben zur Pein machte, was ihr Leben zerstörte. Er heilte Kranke. Darum ist sein Geist da gegenwärtig, wo Menschen erlöst werden von dem, was sie knechtet, wo Kranke geheilt, wo Menschen erquickt werden.

Dementsprechend kann Paulus sagen: Die Frucht des Geistes Jesu Christi ist Liebe (Gal 5,22) – Liebe, die befreiend und erquickend ist. Es ist wohl nicht zufällig, daß er hier von der Liebe als einer Frucht spricht. Sie ist also nicht etwas, was man zu allem anderen nun auch noch leisten, wozu man sich durchringen und aufraffen muß. Denn Frucht wächst und gedeiht »wie von selbst«. So jedenfalls sagt Jesus im Gleichnis von der selbstwachsenden Saat. Und so ist es wohl auch von Paulus gemeint: Liebe liebt aus Liebe – »wie von selbst«.

III.

»Gott hat den Geist seines Sohnes in unsere Herzen gesandt« – den Geist der Liebe, der in Jesus Christus war. An Jesus ist zu ersehen, was dieser Geist bewirkt. Die Evangelien berichten davon. Aus der Fülle der neutestamentlichen Aussagen möchte ich die eine schon erwähnte herausgreifen: Er hat sich der Mühseligen und Beladenen angenommen. Er hat sie erquickt. In seinem Geiste leben heißt darum: so leben, daß wir uns erquicken lassen und anderen Erquikkung gönnen.

Damit ist nicht gesagt, daß das Leben stets erquicklich ist. Wir wissen, daß auf dem Weg durchs Leben manche Durststrecke zu bewältigen ist. Eben darum bedürfen wir der Erquickung. Der Geist Christi macht sensibel für die vielfältigen Nöte des Menschen, so sensibel, daß sie einem unter die Haut gehen. Das ist der Preis, den man zu zahlen hat, wenn man sich auf diesen Geist einläßt: man kann die Nöte der anderen sich dann nicht mehr einfach vom Halse halten. Sie werden einem sozusagen vor die Füße gelegt, so wie man seinerzeit die Kranken Jesus vor die Füße legte. Gerade weil der Geist Christi uns vom Anblick der Mühseligen und Beladenen nicht verschont, gerade weil er uns sensibel macht für das, was sie brauchen, darum läßt er uns erkennen: Das, was not tut, ist – Erquickung!

Wenn ich recht sehe, sind es weithin seelische Nöte und Probleme, die den

Menschen unserer Zeit und Welt das Leben schwermachen. Materiell geht es uns ja so gut wie keiner Generation zuvor. Das ist gewiß erfreulich. Vom Wohlstand kann nur der verächtlich reden, der keine Armut kennt. Aber deutlich ist auch, daß der Wohlstand allein nicht genügt, daß das Leben lebenswert ist. Wir brauchen mehr – eben das, was mit dem Wort »Liebe« umfassend bezeichnet ist. Wir brauchen das, was der Seele wohltut. Haben wir das zur Hand? Ich meine: ja!

Gewiß, es gibt Fälle, wo die seelischen Probleme und Nöte so groß sind, daß nur ein Arzt, ein Psychiater oder Psychotherapeut, helfen kann. Aber im allgemeinen genügt doch das, was jeder von uns zuwege bringen kann: daß wir einander erquicken. Ich habe nachgelesen, daß dieses alte, heute nur noch selten gebrauchte Wort ursprünglich bedeutet: »lebendig machen, wieder beleben«. Ich finde, wegen dieser Bedeutung sollte es nicht in Vergessenheit geraten. Darum möchte ich daran festhalten, auch wenn es heutzutage ein bißchen altmodisch klingt. Also, Erquickung bedeutet nicht weniger als dies: neue Lebenskraft. So erfahren wir denn auch Erquickung in der Weise, daß uns etwas zuteil wird, was uns neu belebt, was uns ermutigt und befähigt, die nächste Wegstrecke getrost unter die Füße zu nehmen. Erquickung reicht also nicht für immer und ewig. Aber sie reicht fürs erste. Und sie gibt Hoffnung, daß sich das Weitere schon finden wird. Ja, sie bewirkt noch einiges mehr.

IV.

Als ich mir überlegte, wie ich das, was »Erquickung« bedeutet, ein wenig anschaulich machen könnte, fiel mir ein Erlebnis ein, das sich mir unvergeßlich eingeprägt hat. Es war im Jahre 1945. Ich war seinerzeit als Soldat, nämlich als Angehöriger der deutschen Besatzungsmacht, in Dänemark. Der Krieg war endlich vorbei. Unsere Truppe war auf dem Weg in die Kriegsgefangenschaft. Ich erinnere mich genau: An einem Tag mußten wir auf asphaltierten Straßen weit über 50 Kilometer marschieren. Die Sonne brannte erbarmungslos. Einige Kameraden waren unterwegs schon zusammengebrochen. Und ich war nahe dran. Ich war wie ausgedörrt und hatte nur einen Wunsch: Wasser! Stundenlang waren wir immer wieder an Häusern vorbeigekommen. Man schaute sich unsere Kolonne an. Man sah, wie wir dahinwankten. Aber niemand gab uns zu trinken. Vielleicht war es nicht einmal böser Wille, sondern – wie mir rückblickend scheint – einfach Gedankenlosigkeit. Ich weiß es nicht. Ich weiß nur, daß ich einen Haß auf »die Dänen« bekam, der sich stündlich steigerte. Schließlich war er so stark, daß ich am liebsten ihre Häuser in Brand gesteckt hätte. Aber dann geschah, was ich nicht mehr für möglich gehalten hatte: Vor einem

Haus standen Dänen und gaben uns Wasser. Es löschte nicht nur meinen Durst, sondern auch meinen Haß.

Jahre später las ich, was Matthias Claudius einst in einem Brief an seinen Sohn Johannes geschrieben hat: »Hilf und gib gerne, wenn Du hast, und dünke Dir darum nicht mehr; und wenn Du nicht hast, so habe den Trunk kalten Wassers zur Hand, und dünke Dir darum nicht weniger.«

Den Trunk kalten Wassers zur Hand haben – darum geht es, darum, daß wir einander das gönnen und geben, was erquickend ist. Was das im jeweiligen Fall ist – nun, das wird sich zeigen. Vielleicht braucht es nicht mehr zu sein als ein gutes Wort, ein Wort des Dankes, der Anerkennung, der Ermutigung.

Werden wir am Ende nun doch wieder unter eine Leistungsforderung gestellt, die uns überfordert? Nein! Denn Erquickung geschieht »wie von selbst« – so mit leichter Hand, wie man einem Dürstenden einen Becher Wasser reicht. Ja, erquicken zu können ist erquickend. Um mit Bertolt Brecht zu sprechen: »Den Mitmenschen zu treten / Ist es nicht anstrengend? Die Stirnader / Schwillt ihnen an, vor Mühe, gierig zu sein. / Natürlich ausgestreckt / Gibt eine Hand und empfängt mit gleicher Leichtigkeit. Nur / Gierig zupackend muß sie sich anstrengen. Ach / Welche Verführung, zu schenken! Wie angenehm / Ist es doch, freundlich zu sein! Ein gutes Wort / Entschlüpft wie ein wohliger Seufzer.«

V.

Pfingsten heute – kein aufsehenerregendes Geschehen, eher etwas Unscheinbares, Alltägliches, ein »Trunk kalten Wassers«. Aber doch etwas, was wir so nötig brauchen wie das tägliche Brot: eben jene Erquickung, die matte und erschöpfte Lebensgeister neu belebt.

». . . wenn Du nicht hast, so habe den Trunk kalten Wassers zur Hand.« Wir haben ihn zur Hand. Und wir wollen ihn uns gönnen – uns und allen anderen.

Pfingsten

Rudolf Pesch

Geist der Freiheit

Ein Benediktiner und Theologieprofessor hat vorgestern in einer Leserzuschrift in der FAZ (28. 5. 1971, Nr. 122, S. 11) geurteilt: »Wer heute noch von ›heilsamer‹ Unruhe in der katholischen Kirche spricht, ist ein Zyniker. Die Unruhe, wenn sie überhaupt je eine heilsame war, ist zu einer fatalen, bedrohlichen Unruhe geworden. Die innerkirchliche Situation verschärft sich.« Als Symptom der Verschärfung der innerkirchlichen Situation nennt der Professor den jüngst heftig entbrannten Streit um den von der römischen Kurie vorgelegten Entwurf eines »Grundgesetzes« der Kirche, der auf heftige Ablehnung gestoßen ist, vor allem deshalb, weil nach Auffassung seiner Gegner »alle positiven, theologischen, ökumenischen und praktischen Anstöße des II. Vatikanums römischer Hierarchologie geopfert« wurden. Der Verfasser trägt zur Verschärfung der Situation bei, wenn er solchen Befürchtungen gegenüber feststellt: »Wenn die Vatikanische Synode wirklich die Kirche von Grund auf umstrukturiert hätte, dann wäre das Konzil vom katholischen Glaubensstandpunkt aus eine teuflische Illusion gewesen, eine ›Räubersynode‹ (um die berühmte Wortprägung Leos I. zu gebrauchen), aber niemals ein ›Sacrosanctum Concilium‹, im Heiligen Geiste versammelt und lehrend.« Will der Professor dies insinuieren? Will er das andeuten? Der Professor erkennt in dem von der römischen Kirche vorgelegten Grundgesetzentwurf den getreuen »Ausdruck dessen, was die katholische Kirche bis zur Stunde glaubte und lehrte«.

Vorgestern, also am selben Tag, schrieb ein anderer Theologieprofessor in der Wochenzeitung ›Publik‹ (28. 5. 71, Nr. 22, S. 14) einen Beitrag unter dem Titel »Ein Grundgesetz der Kirche – ein Grundgesetz der Restauration?« Zur theologischen Problematik des Entwurfs sagt *er* u. a.: »Was äußerste Dynamik ist, das Kommen Gottes in die Welt, wird zum Grund einer ein für allemal bestehenden statischen Größe.

Was bei Jesus Christus eine überaus kritische Funktion hatte, die Botschaft vom Kommen der Herrschaft Gottes, wird einseitig zur Gründungsurkunde und Legitimationsbasis einer Institution. Was in der Schrift das Allerunverfügbarste ist, der Geist Gottes, der weht, wo er will, wird zum Garanten einer hierarchisch verfaßten gesellschaftlichen Größe. Was der Kirche als schlechterdings unverfügbare Norm vorgegeben ist, das Evangelium, wird zu einem bis ins Juridische hinein verwaltbaren Besitz eben dieser Kirche.

Man vermißt den dynamischen, eschatologischen und pneumatologisch-charismatischen Charakter der Kirche, den die Kirchenkonstitution des Vatikanums II so nachdrücklich herausgestellt hat.«
Dieser Professor sagt: »Der vorliegende Entwurf ist nicht durch einzelne Korrekturen zu retten. Seine theologischen Voraussetzungen und seine Zielsetzungen sind fragwürdig. Er steht dem Geist und auch dem Wortlaut nach im Widerspruch zu den Aussagen des II. Vatikanischen Konzils. Er bedeutet einen Bruch mit der Tradition, und er macht das Evangelium zum Gesetz.« Und dieser Professor erinnert an die Lehre des großen Thomas von Aquin, wonach »das Vorzüglichste im Gesetz des Neuen Bundes, das, was seine ganze Kraft ausmacht, die Gnade des Heiligen Geistes (ist), die durch den Glauben an Christus verliehen wird und in die Herzen der Gläubigen geschrieben wird«.

Das zweite Vatikanische Konzil eine Räubersynode oder der Grundgesetzentwurf der römischen Kurie ein Bruch mit der Tradition? Babylonische Verwirrung unter Theologen? Heilsame oder bedrohliche Unruhe in der katholischen Kirche?
Was geht dies alles *uns* an, diese Gemeinde zu Pfingsten 1971 in Hinterzarten? könnten Sie fragen. Können wir in einer babylonisch verwirrten Kirche Pfingsten feiern? hieße die Gegenfrage.
Fragen wir uns selbst! Sind wir nicht selbst verwirrt, zerstreut, namenlos zusammengeströmte Masse? Oder hat uns der Geistbraus hierhergelockt? Haben wir die feurigen Zungen gesehen, die fremden Sprachen gefunden, die alle verstünden? Tragen wir selbst nicht an Verwirrung, an bedrohlicher Unruhe Schuld? Ist nicht auch hier ›Babel‹? Verwirrung? Unruhe?
Die beiden Lesungen aus dem Buch Genesis und aus der Apostelgeschichte bieten uns zwei Modelle, anhand derer wir über Verwirrung und Unruhe, bedrohlichen und heilsamen Aufbruch nachdenken können. Sie leiten uns zur Unterscheidung der Geister an durch den Geist, den wir in Gottes Wort wirksam glauben. Sie leiten uns zur Selbstkritik an und zur Kritik der Vorgänge in unserer Kirche.
Kritik als selbstkritisch geübte, Gottes Kritik in seinem Gericht nicht vorgreifende, an Gottes kritischer Barmherzigkeit orientierte Kritik ist Gabe und Werk eben des Heiligen Geistes, dessen Verheißung und Geschenk an Pfingsten gefeiert werden soll. Wir fragen selbstkritisch nach dem Anlaß solcher Feier.
Die erste Lesung hält uns einen Spiegel vor! Die Erzählung vom Turmbau zu Babel will sagen: Die Menschen sind schnell einig, wenn sie sich steile Pläne ersinnen, wenn sie sich einen Namen machen wollen; dann kann es von ihnen

heißen: »Sie sind ein Volk, und eine Sprache sprechen sie alle«: die Sprache der Verwegenheit, der Bosheit, der Verleumdung, der üblen Nachrede, der Rechthaberei, der Aufgeblasenheit.

Die alttestamentliche Sage zeigt jedoch, daß die Menschen, an einem wahnwitzigen Werk vereint, gerade in die Zerstreuung geraten. *Im Bild eines Gottesgerichts* zeigt die Legende, daß das wahnwitzige Tun auf den Täter zurückschlägt, daß das Geschick, das er zu verhindern suchte (»sonst werden wir zerstreut übers Antlitz der Erde«), ihn deshalb ereilt, weil er ihm, sich selbst überschätzend, zu entfliehen suchte.

Die Menschen, die sich *die* (uniforme) Stadt mit einem himmelragenden, ihren Ruhm begründenden Turm bauen wollen, zerstreuen sich über ihrem Tun. Sie zerstreuen sich, weil sie das Augenmaß verlieren; sie müssen es lassen, die Stadt zu bauen, weil sie einander nicht mehr verstehen. Der Übermut schlägt um in Verzweiflung, das blinde Miteinander (Heran! Heran! Bauen wir!) ins übersichtige Gegeneinander.

Fragen wir uns: Sind wir nicht deshalb uneins, weil wir uns zu häufig zu uniformieren suchen? Weil wir uns in unserer Andersartigkeit, in der Verschiedenheit unserer Begabungen nicht gelten lassen wollen? Verstehen wir uns deshalb nicht, weil wir uns einen Namen machen wollen? Weil wir den Namen unserer Mitmenschen, ihr unverwechselbares Gegenüber- und Anderssein nicht ertragen wollen? Weil uns der eine Geist fehlt, der in allen zum Nutzen aller wirken will? Weil wir ihn nicht wirken lassen? Weil wir ›Babel‹ sind, jeder für sich und alle gegeneinander?

Die zweite Lesung aus der Apostelgeschichte lenkt den Blick von ›Babel‹ nach ›Jerusalem‹, von unserer Verwirrung zum wunderbaren Wirken des Geistes. Die alttestamentliche Legende stellte im Bild des Gottesgerichtes unsere Zerstreuung dar, die neutestamentliche stellt im Bild des Sprachenwunders unsere Sammlung, unser Verständnis, unser Einverständnis dar. Wo ist der Unterschied erkennbar? Die Apostel reden, wie der Geist es ihnen eingab, nicht um sich einen Namen zu machen, sondern um die Großtaten Gottes zu verkünden. Und Gottes Großtaten kann der Mensch offenbar in vielen, in allen Sprachen vernehmen: sie uniformieren ihn nicht – und spalten ihn nicht. Sie allein verdienen das Vertrauen aller und ermöglichen unser gegenseitiges Vertrauen. Die Legende sagt uns: Unsere christliche Existenz ist auf das Wunder gegründet, auf das wunderbare Geschenk des Geistes. Unsere Existenz als Gemeinde, die solchen Namen verdient, und als Kirche, die sich solchen Namen nicht durch den Turmbau eines Grundgesetzes machen kann, ist durch das wunderbare Wirken des Geistes bestimmt.

Wie aber sollen wir erkennen, ob die Begeisterung, die uns ergreift, oder die Unruhe, die uns erfaßt, Werk des Geistes – oder Werk unseres babylonischen Ungeistes sind? Wer die beiden Lesungen vergleicht, hat ein Kriterium: Gottes Geist wirkt in unserer Verschiedenheit und sammelt durch die Verschiedenheit unserer Gaben. Unser babylonischer Ungeist zerstreut. Das heißt: die Geister werden an ihren Früchten erkannt! Nicht der Enthusiasmus, nicht der Sturmbraus und die Feuerzungen, nicht die Uniformität, das Gesetz und die Institution sind die Erkennungsmarken des Geistes, der weht, wo er will. Die Erkennungsmarken sind die Früchte des Geistes: obenan Liebe und Freiheit. Es sind die Früchte, die der Geist durch uns unscheinbar und doch herzlich wirkt, wenn wir uns ihm anvertrauen. (Paulus spricht im Kommunionsspruch, den wir hören werden, von solchen Früchten.)
Wie können wir uns aber dem Geist anvertrauen? Wollen wir auf diese Frage noch eingehen, so müssen wir auf das Evangelium eingehen. Zwischen ›Babel‹ und ›Jerusalem‹ begegnet uns Jesus, der von uns Glauben verlangt, den Glauben, dem das Wunder des Geistes geschenkt wird: Ströme von Lebenswasser wird der Glaubende spenden! Sich dem Geist anvertrauen, meint also: sich Jesus anvertrauen, an ihn glauben, seinem Wort und seiner Tat folgen. Jesus hat uns gezeigt, wie der lebenschaffende Geist, der Geist der Freiheit und der Sammlung, entbunden wird: in der Hingabe, im Engagement, in der Bewegung, in der Versöhnung, in der Umkehr.
An seinem Wort und seiner Tat, seinem Tod und seiner Auferstehung haben wir Kriterien zur Unterscheidung der Geister, zur Unterscheidung heilsamer von bedrohlicher Unruhe. Sein Wort und seine Tat wollen uns in seinem Geist freilich auch engagieren und in Bewegung setzen; wir können dort, wo es um seine Sache geht, nicht unbeteiligte Zuschauer, selbstzufriedene oder nur aufgeschreckte Christen sein. Wo der Streit um die Identität der Kirche geführt wird, da geht es um unsere Identität, um die Anerkennung Jesu als unseres Herrn, als des Herrn des Geistes, des Herrn der Freiheit, dessen Apostel prägnant gesagt hat: »Wo der Geist des Herrn ist, da ist Freiheit.«
Wenn wir also bereit sind, uns von diesem Geist engagieren zu lassen und in diesem Geist uns gegenseitig Freiheit einzuräumen und uns gegenseitig zu unser aller Nutzen mit den uns geschenkten Gaben binden zu lassen, dann sind wir auf dem Weg von Babel nach Jerusalem, wir werden dann den Geistbraus hören in unseren Worten und die Feuerzungen sehen in unseren Taten – und dürfen Pfingsten feiern. Feiern ist aber nur Feiern als Bekennen: Wenn wir Pfingsten feiern, bekennen wir uns zu dem Geist, den Jesus uns verheißen und geschenkt hat, zum Geist der Freiheit, der uns aus der babylonischen Gefangen-

schaft jedes Gesetzes in die Freiheit der Kinder Gottes geführt hat. Die Unruhe in unserer Kirche, von der wir ausgingen, ist so lange ›heilsame Unruhe‹, als wir um unsere Freiheit besorgt für unsere Freiheit streiten. Und solange wir dies tun, ist uns der Beistand des Geistes der Freiheit gewiß, des Geistes, der sich nicht auslöschen läßt. In diesen Tagen, wo um ein ›Grundgesetz‹ der Kirche gestritten wird, Pfingsten 1971, weiß ich keine bessere Pfingstpredigt als diesen Vers des Apostels Paulus (eine Präambel zu jedem Grundgesetz der Kirche). »Christus hat uns (im Geist) befreit, damit wir in Freiheit leben. Besteht also darauf! Und laßt euch nicht wieder in das Joch der Sklaverei einspannen« (Gal 5,1).

Dieter Schupp

Babylon–Pfingsten–Babylon

In Babylon wollten sie einst alle hoch hinaus. Mit einem Riesenturm wollten sie den Himmel selbst bezwingen. Aber das Unternehmen überschlug sich. Der Turm hielt nicht, was er versprach; er brach zusammen. Übrig blieben nicht bloß Ruinen; man konnte sich hernach nicht mehr verständigen; man wußte nichts mehr voneinander. Die Sprachverwirrung war komplett. Die ersten Sprachbarrieren entstanden durch Hybris und Maßlosigkeit.

Vermutlich sollte der umgekehrte Vorgang, das pfingstliche Sprachwunder im neuen Jerusalem, Jahrhunderte später, für die frühen Judenchristen besonders symbolkräftig sein. Ein Anti-Babylon sozusagen. Begeistert gingen die Apostel hinaus, redeten mit Leidenschaft in allen Sprachen, und jeder verstand sie. Jeder? – Jeder! Also wäre es Sache des Heiligen Geistes, die Botschaft der Liebe und des Mitleids, der Nachsicht und der Demut, des Friedens und der Gerechtigkeit, der Bescheidenheit und stets bereiter Selbstbeschränkung anzusagen; das ergreift jeden, das begreift jeder. Unheiliger Geist wäre das Gegenteil, nämlich überhebliche Selbstgewißheit und Leidensunfähigkeit, Beziehungslosigkeit und Starrheit, die Idee vom Menschen als Schöpfer seiner selbst. Solche Neigungen führen zur Destruktion und zum Chaos.

Nur eine Legende, ein schönes Bild, Poesie?

Inzwischen sind wieder ein paar Jahrhunderte vergangen. Wir haben einiges dazugelernt. Wo, um ein Beispiel zu nennen, stets die brave Tugend der Nachgiebigkeit gepredigt wird, wird oft genug nur unmenschliche Herrschaft bestärkt. Und daß einer seine Bescheidenheit preisgibt, das kann auf Wirkung berechnet sein. Wer zur Demut aufruft, entpuppt sich nicht selten als Wolf im Schafspelz. Nachsicht hat viel Ungerechtigkeit zugelassen und auch zur Unfähigkeit beigetragen, sich gerecht zu wehren. Daß Toleranz schließlich zum Instrument der Unterdrückung werden kann, das kann man aus der Kirchengeschichte lernen. Man sieht: So eindeutig sind weder Wörter noch Begriffe.

Und damit fangen alle Schwierigkeiten an. Wir alle tun uns schwer damit, zwischen dem Heiligen und Unheiligen, zwischen Gut und Böse, Recht und Unrecht, Legalität und Anarchie zu unterscheiden. Nicht erst seit Nietzsche ist die Umwertung aller Werte im Gange, immer noch. Was ehedem unumstrittene Norm war, gilt heute vielen als Mechanismus der Unterdrückung. Rechtsbruch von gestern wird zur Heldentat von heute – wenigstens zum Kavaliersdelikt. Das Natürliche wird unnatürlich, das Unnatürliche natürlich; das Normale wird anormal, das Anormale normal. Aber was heißt hier »Natur« und was heißt hier »Normal«? Die alten Gebotstafeln sind zerbrochen, die zeitlosen Maßstäbe zumindest fragwürdig geworden, die sog. ewigen Wesensmuster des Menschen außer Kraft gesetzt. Die Verwirrung scheint deshalb so komplett zu sein, weil jeder die Moral für sich in Anspruch nimmt und nach dem Motto verfährt: Die Wahrheit kann nur *eine* sein, und ich habe sie. »Die Wahrheit ist nur *eine*, alle andere keine«: Gerichtsvorsitzende und Prozeßverweigerer, Polizisten und Demonstranten, Hausbesitzer und Hausbesetzer, Unternehmer und Gewerkschaftler, Lehrer und Schüler, Väter und Söhne.

Niedriger sind die Sprachbarrieren nicht geworden. Man versteht sich nicht mehr. Nicht nur, daß man voneinander keine Ahnung mehr hat, einander nicht mehr zuhört, sondern man setzt sich auch nicht mehr zusammen, um sich auseinanderzusetzen. Im gleichen Maße, wie man das Zensurengeben streng ablehnt, werden aus der Ferne strenge Zensuren verteilt: nicht nach den Ergebnissen des Wissens und der vereinbarten Normen, sondern nach den Ansichten und Sollvorstellungen von Psychologie, Soziologie und der sogenannten Emanzipation. Veränderung wird zum eigentlichen Gebot, Bewahrung zum Gespött.

Indes – Veränderung wohin, Bewahrung von was? Danach zu fragen ist kaum schicklich. Unmerklich verändert sich das Gefüge. Damit dies nicht mißverstanden wird: Es war notwendig, daß mit dem Verständnis – der einzelne könne sich nur recht entfalten, wenn er sich als Teil des Ganzen versteht und sich ganz hingibt an den Staat, die Rasse, das Reich, die Nation usw. – aufgeräumt wurde. Vom Faschismus mit derlei Parolen haben wir die Nase voll. Doch hat sich inzwischen der unruhig-unheilige Geist auf die andere Seite geschlagen, durchaus auf rabiate deutsche Weise.

Einst wurde einem gesagt: Du mußt, du sollst, es ist verboten. Das war eindeutig, klar, deutlich. Heute redet das etwa so: Du darfst dich nicht anpassen! Du mußt dich selbst finden, indem du dich erst einmal wehrst. Du mußt dich aussprechen, deine Interessen artikulieren. Laß dir nichts einreden! Vor allem sei mißtrauisch, zumal den Herrschenden in Elternhaus, Schule und Staat gegenüber. Entlarve deine gesellschaftliche Umwelt, durchschaue die Manipulation, habe den Mut zur Konfrontation mit Strukturen und Institutionen, durchbreche die Tabus, erkenne hinter der Norm immer die Wirklichkeit, demaskiere die Interessenlage der anderen, analysiere deine Rolle in der Gesellschaft, provoziere also, verweigere, verwirkliche dich! Immer noch – Imperative. Genauso eindeutig, klar, deutlich.

Und dann? Dann das Glück, die Seligkeit, die Freiheit? Eher so etwas wie ein Fanatismus, der natürlicherweise immer mit der Bereitschaft verbunden ist, sich total zur Verfügung zu stellen, sich zu unterwerfen. Nebenbei gesagt: Dort, wo am lautesten im Namen der Freiheit demonstriert wird, werden die Beschlüsse in der Regel hundertprozentig gefaßt! Die Demonstration gelingt, aber die Sprache funktioniert nicht. Es kommt zu keinerlei Kommunikation, der Kontakt zur sozialen Wirklichkeit geht zunehmend verloren, ebenso das Verständnis für den, der anders ist als ich. Der Mensch, der aufbricht, Freiheits-Räume zu schaffen, begibt sich lediglich in Quarantäne. Die Enttäuschung, die sich dabei einstellt, zieht noch größere Ruhelosigkeit nach sich, produziert noch hemmungsloseren Drang nach immer neuen Provokationen – in der vagen Hoffnung, daß irgendwann doch noch ein Echo kommt, das die Bestätigung bringt. So wird Bewegung, Aktion und immerwährender Kampf zum Lebensprinzip, womit haarscharf wieder die Grenze zum Totalitären erreicht wäre. Wer freilich ein wenig näher hinsieht und aufmerksamer hinhört, der gewahrt im Hintergrund der Unruhe grenzenlose Einsamkeit, Langeweile und innere Leere. Die Flucht in den Rausch ist nur ein anderes Ergebnis dieses tiefen Unbefriedigtseins.
Eine übertriebene Sorge? Möglich. Es gibt auf unserer Erde noch genug wirkliche Herausforderungen, an denen sich Mut und Leidenschaft, Geist und Energie von Menschen entfalten und bewähren können, die auch immer das Maß des jeweils Möglichen bestimmen. Doch ist die düstere Vision der Pessimisten nicht mehr so abwegig. Sie sehen voraus, daß am Ende dieses Jahrzehnts ein Umschlag eintreten wird, nämlich von der Ruhelosigkeit des »gesellschaftlichen« Reformismus in die private Beruhigung, in die zynische Gleichgültigkeit allem Sozialen gegenüber, die sich um nichts mehr kümmern mag, außer der Wahrnehmung der eigenen elementaren Bedürfnisse. Wenn dieser Umschlag einträte, gäbe es vollends nichts Gemeinsames mehr. Pfingsten endet wieder in Babylon.

Peter Beier

Verteidigungsrede für eine Mutter

Angeklagt ist eine Mutter.
Die Anklage trifft sie besonders hart, weil diese Mutter alt ist, sehr alt, steinalt sozusagen.
Vielleicht klagt man sie nicht zuletzt wegen ihres Alters an. Alte Leute setzen sich ungern zur Wehr, vor allem dann nicht, wenn es gegen die eigenen Kinder geht.
Darum hat es eine eigentümliche Bewandtnis mit dieser Mutter:
Obwohl sie unter schwerer Anklage steht, will und kann sie sich nicht selbst verteidigen.
Zwar beeindruckt die alte Frau, noch ist ihr Rücken nicht gebeugt, noch sind Strenge und Güte in ihren Augen gegenwärtig, die Alltagsgeschäfte gehen ihr wie eh und je von der Hand, noch arbeitet sie, aber zuweilen – ganz gegen ihre Gewohnheit – hält sie ein, blickt zu Boden, erweckt den Eindruck, als wüßte sie nicht mehr recht, was zu tun sei.
Die lange Reihe der Söhne und Töchter zieht an ihr vorbei, eine schmerzliche Parade. Sie sind alle etwas geworden, die Söhne und Töchter. Es ist ein glänzender Aufmarsch: Keiner der emanzipierten stolzen und selbstsicheren Söhne fehlt. Ihr Optimismus und ihre Verachtung sind gleich jung.
Mancher ist unter ihnen, der spuckt der alten Mutter ins Gesicht. Aber das schmerzt die Mutter nicht sonderlich. Andere stoßen ziemlich wilde Verwünschungen gegen sie aus. Auch das verletzt die Mutter nicht. Was sie wirklich trifft, das sind die leeren und gleichgültigen Blicke derer, die an ihr vorbeigehen und sagen: Die Alte, wer ist das? Wozu das Aufsehen? Wir kennen sie nicht!
Die Zahl derjenigen, die sich hinter die Mutter stellen, um ihr beizustehen, schwindet. Es sind auch nicht die glänzendsten ihrer Söhne, die sich zu ihr bekennen.
Mühselig ist es, für diese Mutter, die sich selbst nicht verteidigen mag, eine Verteidigungsrede zu halten, weil die Anklagen, die man gegen sie erhebt, schwer sind und den Schein der Wahrheit für sich haben.
Die glänzenden Söhne überbieten einander mit ihren Vorwürfen:
Du bist eine Hure, sagen sie zur Mutter.
Du hast Dich mit jedem eingelassen bis auf diesen Tag.
Mit Konstantin, dem Kaiser, fing es an.

Um den Preis Deiner Würde hast Du Dich an jeden Machthaber verkauft. Wer gerade das Schwert führte, erhielt Deinen mütterlichen Segen. Du hast Macht gesucht und bist zur Mätresse geworden. Du warst eine Rabenmutter. Allein hast Du uns gelassen, wenn wir Dich am nötigsten brauchten. Schlechten und billigen Rat hast Du erteilt, wo Du hättest warnen und leiden sollen, damit uns die Augen geöffnet wurden. Wir sind in unzählige Kriege gezogen in Deinem Namen. Wir haben uns gegenseitig umgebracht in Deinem Namen. Wir haben Menschen verhetzt, verfolgt, verbrannt in Deinem Namen. Du warst eine doppelzüngige Heuchlerin, nichts hast Du uns gelehrt, als zu beten und zu gehorchen. Aber nun beten wir nicht mehr und kündigen den Gehorsam auf.
Dein Trost war faul. Vertröstet hast Du uns auf ein Jenseits, das es nicht gibt, und unsere Blicke abgezogen von der Erde, die uns gehört.
Was von den Menschen erreicht wurde, wurde nicht von Dir erreicht. Wir sind es, die mühsam erkämpfen mußten, was Du uns vorenthalten hast: Vernunft, Wissenschaft, Fortschritt, Menschlichkeit, Freiheit, Friede und soziale Gerechtigkeit.
Wir kennen Dich nicht. Wir wollen Dich nicht kennen. Deine Züge sind uns fremd, Deine Sprüche machen uns nicht warm.
Nicht einmal Mitleid, geschweige denn Dankbarkeit empfinden wir für Dich.
Nicht Deine Söhne sind wir, sondern Deine Bastarde.
Abdanken, aufhören, sterben, das ist es, was wir von Dir erwarten, damit uns endlich der Rest unseres Erbes zufällt.
Erkennen wir diese Mutter?
Die eine, heilige, allgemeine, christliche und apostolische Kirche?
In der Tat, sie ist alt geworden, sehr bei Jahren.
Vielleicht weiß sie, daß sie bald sterben muß, weil ihr Schoß unfruchtbar wurde.
Vielleicht weiß sie sogar, daß ihr Herr, dessen Wort sie durch die Jahrhunderte und durch die Geschlechter zu tragen und hörbar zu machen versuchte, die glänzenden Söhne und Töchter freigeben will in die Freiheit, die eine Probe sein soll auf Leben und Tod für die Menschen.
Sie denkt nach über sich in letzter Zeit. Stiller und wirkungsloser ist sie geworden, aber wer genau hinsieht, der wird auf ihrem alten Gesicht eine Gewißheit erkennen, die anzeigt, wie sehr sie geliebt hat. Die Gewißheit nämlich, daß in der Nachfolge Jesu alles sterben muß, was sich selber sucht und auf Selbsterhaltung aus ist – die Gewißheit, daß der Weg Jesu Kreuz- und Passionsweg bleibt, gerade in der schönen neuen Welt der emanzipierten Söhne – die Gewißheit, daß nur dem die Verheißung der Auferstehung gilt, der mit Jesus in den Tod geht.

Denn in dieser Gewißheit ist sie ihren optimistischen Söhnen weit überlegen, – immer noch.

Die alte Mutter ist bereit zur Passion und wird darin ihrem Herrn gleich.

Um dieser Gewißheit willen soll man die Verteidigungsrede halten. Es soll den glänzenden Söhnen und Töchtern unmißverständlich gesagt werden, woher sie kommen. Es soll ihnen eingeschärft werden, was sie dieser Mutter verdanken:

Sie hat Euch das Sprechen gelehrt. Das erste, was Ihr unter ihrer Anleitung zu buchstabieren lerntet, war das Wort »Vater« und das Wort »Liebe«. Ihr seid mit dem Buchstabieren nie zu Ende gekommen, weil Ihr diese Worte immer wieder mit anderen Wörtern, die Euch geläufiger waren, Euch schnell von der Zunge und aus den Händen gingen, totgeschlagen habt. Diesen permanenten Totschlag trägt nicht Eure Mutter auf dem Gewissen. Gegen das mächtige Wort »Vater« setzt Ihr störrisch die ohnmächtige Phrase »Schicksal«, gegen den lebendigen Glauben das tote Wissen, Euer Haß kreuzigt die Liebe. Gegen das Hören in der Stille hetzt Ihr den Lärm des Geredes:

Die Mutter rief, laut, freundlich, zornig, lockend, beschwörend – die Mutter erinnerte Euch und mahnte: Buchstabiere mir nach – aber Ihr habt nicht gewollt.

Sie hat Euch einmal Heimat und ein Zuhause gegeben, in dem Gemeinschaft möglich war. Sie lehrte Euch treu und unermüdlich, daß es vernünftig, christlich und darum möglich ist, ohne Streitaxt und Gewehr mit dem Nächsten umzugehen. Sie gebar aus wilden Horden und egoistischen Barbaren immer wieder in den dunkelsten Geschichtsepochen gemeinschaftswillige und liebesfähige Menschen, deren Opfermut Eure schöne neue Welt bis auf diesen Tag wärmt.

Sie hat mütterlich und zäh den unendlichen Wert des einzelnen Menschen gegen die Horde verteidigt und Euch gezeigt, was es heißt, ein Individuum zu sein.

Sie lehrte Euch, Euch als einzelne zu begreifen, sie brachte Euch jenes Selbstbewußtsein bei, das Ihr nun dazu gebraucht, Eure Mutter eine Hure zu heißen.

Sie stieß Euch das Tor zu der Freiheit auf, die Euch von Euch selbst befreit, indem sie in den Dienst am Nächsten ruft.

So machte diese Mutter Jesus, den Christus Gottes, bekannt.

Von ihren Lippen und nicht von irgendwoher habt Ihr sein Evangelium genommen, die Überlieferung der Menschenfreundlichkeit Gottes, die Hoffnung auf Leben gegen den Tod, den Glauben, der die Erfahrung der Gnade macht. Ihr wurdet so reich beschenkt, daß es Euch immer wieder gelang, aus Urwaldangst, Aberglauben, Roheit und Barbarei einen Weg zu finden. Ihr habt durch den Mund der Mutter vernommen, daß Gott kein dämonischer Tyrann, nicht Schicksal, sondern Vater sein will über allem, was lebt. Eure Freiheit, das helle

Licht der Vernunft, die Fortschritte, die Euch wirklich und nicht nur scheinbar weitergebracht haben, verdankt Ihr der Mutter, weil sie Euch den Gott verkündigte, der kein Sklavenhalter ist, den Gott, zu dem Ihr auch »nein« sagen könnt.
Darum waren die Neinsager, die Großen, gerade in ihrem leidenschaftlichen Protest Enkel der Kirche. Diese Mutter hat Euch viel mehr gegeben als die Kathedralen auf Euren Marktplätzen. Sie ist es, von der Ihr Euren Ausgang genommen habt. Sie bleibt Eure Mutter, auch wenn Ihr sie verleugnet.
Und die Schuld der Mutter?
Ihre Schuld, das ist unser aller Schuld. Die Mutter Kirche hat zu allen Zeiten die Kleider tragen müssen, die wir ihr gaben, mehr: sie trägt unser Antlitz. Wenn es uns nicht mehr gefällt, dann laßt uns zuerst uns selbst anblicken. Wenn wir sie verachten, dann laßt uns lernen, uns selbst zu verachten. Wenn wir finden, sie sei zu alt, dann laßt uns eingestehen, daß ihre Vergreisung unsere eigene Vergreisung spiegelt – obwohl wir Söhne und Enkel sind.
Wer hat hier wen verlassen, wenn Kreuzzüge geplant, Hexen verbrannt, Glaubenskriege entfacht, Konfessionen errichtet und Waffen gesegnet wurden – die Mutter uns oder wir die Mutter?
Diese Mutter irrte, weil wir irren. Den Spruch aber, den letzten Spruch über uns und die Mutter, fällen nicht wir.
Gott sei Dank!

Klaus Reblin — Gott ist nicht eindimensional

Dies ist eine Informationspredigt. Eine Predigt, die versucht zu klären, was wir eigentlich meinen, wenn wir uns Sonntag für Sonntag nicht nur zu Gott allgemein, sondern zum dreieinigen Gott, zum Vater, zum Sohn und zum Heiligen Geist, bekennen. Unser Glaube hat solche und ähnliche Informationen dann und wann dringend nötig. Denn er ist mehr als ein bloßes Gefühl. Er bedarf auch der gedanklichen Klärung. Sicher ist Glaube mehr als Denken, mehr auch als Theologie. Aber ein Glaube, der sich vom Denken dispensiert, verliert seine Klarheit, wie das Denken ohne Glauben seine Tiefe und Verbindlichkeit verliert.

Aber ist jene Aussage, Gott sei »dreieinig«, nicht eine höchst trockene, abstrakte Sache, für die sich, wenn überhaupt, allenfalls Theologen erwärmen können? Hat Immanuel Kant nicht recht, wenn er meint, aus der Dreieinigkeitslehre lasse sich »schlechterdings nichts fürs Praktische« gewinnen, weil sie »keine besseren Menschen« mache? Oder ist es reiner Zufall, daß das Trinitatisfest erst sehr spät seinen Platz im Leben der Kirche fand, und auch dann nur als eine Art Abschluß der Pfingstwoche, ohne besondere Bedeutung für das Leben der Gläubigen? Und dann: Ist in der heutigen geistigen Situation innerhalb der abendländischen Christenheit der Glaube an die Dreieinigkeit nicht Luxus? Tun wir uns nicht schon schwer genug mit dem Glauben an Gott überhaupt?

Angesichts dieses Katalogs negativer Fragen tun wir freilich gut, uns daran zu erinnern, daß es in der Geschichte der Kirche auch andere Epochen gab, in denen die Dreieinigkeit Gottes nicht ein Randthema, sondern das beherrschende Thema war, beherrschend für Laien und Theologen. In der sogenannten »Alten Kirche«, in der Zeit zwischen 250 und 450, kam es sogar zu erbitterten Streitigkeiten um die Lehre von der Trinität, zu Streitigkeiten, über denen alte Freundschaften zerbrachen und Bischöfe und politische Potentaten stürzten. Ja, selbst die Gewalt wurde zum probaten Mittel in diesem Streit. Eine Synode dieser Zeit ging als »Räubersynode« in die Annalen ein, weil die anwesenden theologischen Parteien sich gegenseitig mit Bütteln unter Druck setzten – und die haben kräftig gehaust.

Warum hier so erbittert gekämpft wurde? Weil es bei der Trinität um mehr geht als um »ideologischen Überbau«. Dieses »Mehr« will ich in drei Sätzen entfalten:

1. *Gott ist ein lebendiger, ein kommunikativer Gott.* Ein Gott, der nicht, der nie allein sein will. Der von Anfang an am Menschen interessiert ist – und »inter-esse« heißt: dazwischen sein. Das ist das Lebenselement Gottes: die Welt, die Wirklichkeit des Menschen. Er will nur eines: unter, zwischen den Leuten sein. Gott wohnt nicht »in einem Licht, da keiner hinzutreten kann«. Ein solcher Gedanke entspricht nicht den Bildern, die die Bibel immer wieder von Gott zeichnet. Diese Bilder zeigen ihn immer zusammen mit Menschen: mit Abraham und Mose, mit David und Salomo, mit Jesaja und Jeremia, mit den Jüngern und Paulus – mit Augustin und Luther, mit mir und mit Ihnen. Ja, im Grunde hat die Erschaffung der Welt, wie sie am Anfang der Bibel geschildert wird, nur einen Sinn, ein Ziel: daß Gott einen Partner bekommt. Uns! Einen Partner, an den er sich verschwenden kann. Daß Gott aus sich herausgeht, geschieht nur, weil er uns aus der Reserve locken will; daß er mit uns redet, nur, weil wir mit ihm reden sollen.

Diese Lebendigkeit, diese Kommunikationsfreudigkeit Gottes spiegelt sich auch in der Lehre von seiner Dreieinigkeit wider. Nur daß hier – in einer neuen Denkfigur – gesagt wird, Gott sei auch in sich selbst kommunikativ: Gott führe nicht nur Gespräche mit uns, er führe auch »Selbstgespräche«. Aber die Sache, um die es in dieser Aussage geht, besagt nichts anderes als dies: Gott ist lebendig, kommunikativ. Wenn ich ein Symbol für diesen Gott malen müßte, würde ich ihn nicht als distanziert beobachtendes Auge darstellen, wie es so oft geschah in der Geschichte christlicher Kunst, sondern als Mund, als geöffneten, sprechenden Mund. Gott ist kein »höchstes Wesen«, unnahbar, unberührbar, tödlich für den, der ihm unter die Augen tritt. Im Gegenteil: Wir leben davon, daß er ein interessierter, kommunizierender, hörender und redender Gott ist, ein Gott nicht mit starren, sondern mit lebendigen, mit menschlichen Zügen.

2. *Gott entfaltet in seiner Zuwendung zum Menschen den ganzen Ideenreichtum, dessen er fähig ist.* Erinnern wir uns, um zu verstehen, was in diesem zweiten Leitsatz gesagt ist, an jenes Bild, das Herbert Marcuse vor einigen Jahren vom Menschen unserer Tage zeichnete. Er stellte ihn dar als »eindimensionales« Wesen, unfähig zur Kritik, unfähig, Alternativen zu denken und zu realisieren. Als einen Menschen, der ein höchst einsilbiges, einliniges Leben führt, nur auf die Erfüllung vorfabrizierter Bedürfnisse aus, als ein bedauernswertes, im wahrsten Sinn des Wortes »armes« Wesen.

Wenn dieses Bild zutreffen sollte – und ich glaube, es trifft weitestgehend zu –, dann stellt das Bild, das die Lehre von der Dreieinigkeit von Gott zeichnet, einen totalen Gegensatz zu unserer eigenen Wirklichkeit dar. Denn der dreieinige

Gott ist nicht arm, sondern ungeheuer reich, voller Ideen und Phantasie. Er legt sich nicht fest auf eine Linie, ein Gleis, auf eine einzige Dimension. Er zeigt sich uns in vielen Gestalten, in vielen Dimensionen: als liebender Vater, als gnädig für uns einstehender Sohn und als Gemeinschaft stiftender Geist. Deswegen jene trinitarische Formel bei Paulus: »Die Gnade unseres Herrn Jesu Christi und die Liebe Gottes und die Gemeinschaft des Heiligen Geistes sei mit euch allen.« Gott setzt nicht nur an einem Punkt an, um uns Menschen für sich zu gewinnen. Er bemüht sich um uns in einem Großeinsatz der Ideen und Kräfte. Wir sind ihm zu wichtig, als daß er sich mit einer Form, mit einer Dimension der Offenbarung begnügen könnte. Er läßt nichts unversucht, um eine Antwort zu erhalten auf das Angebot seiner Liebe.

3. Gott identifiziert sich mit uns, ohne sich selbst aufzugeben. Das ist die entscheidende Aussage, die die Bibel über das Verhältnis Gottes zum Menschen macht: letzte Identifikation. Der Ort dieser Identifikation: das Kreuz Jesu von Nazareth. Aber wer ist an diesem Kreuz eigentlich gestorben? Ein Mensch? Oder Gott? Ich meine, wenn das Kreuz von Golgatha überhaupt einen Sinn haben soll, dann nur, wenn Gott selbst an ihm gehangen hat. Nicht nur ein Mensch wie wir, sondern Gott selbst! Ich brauche, um ohne Angst sterben zu können, die Gewißheit, daß Gott selbst in meinem Tod ist: Gott stirbt mit mir, er stirbt meinen Tod. Darum ist es für mich kein Grund zur Aufregung, sondern ein Zuspruch großer Geborgenheit, wenn Dorothee Sölle vom »Tode Gottes« spricht. Übrigens hat Luther auch davon gesprochen. In einem Streitgespräch sagt er einmal: »Gott hat gelitten; Gott, der von Ewigkeit gewesen ist, ist gestorben.« Und der lutherische Kirchenliederdichter Johann Rist sagt in einem seiner Lieder: »O große Not, Gott selbst liegt tot, am Kreuz ist er gestorben.« Warum ich solche Aussagen als Ausdruck von Geborgenheit empfinde? Weil der Tod Christi mir nur dann zum »heilsamen« Tod wird, wenn Gott darin »verwickelt« ist. Wenn Gott sich auf Golgatha fein herausgehalten haben sollte, wenn es dort nur um Solidarität zwischen Menschen ging, dann hilft mir das am Ende wenig. Im Tod bin ich nur geborgen, wenn Gott selbst mitten darin ist.

Der Gedanke, daß Gott meinen Tod stirbt, daß er sich mit meinem Todesschicksal identifiziert, ist mir allerdings nur dann möglich, wenn ich Gott als dreieinigen Gott verstehe, wenn ich weiß, daß Gott der Vater am Karfreitag der Lebendige bleibt, um Gott den Sohn und mich selbst ins Leben zurückzureißen. In der Geschichte der Kirche hat es einmal eine Theologengruppe gegeben, die meinte, auch Gott der Vater sei am Kreuz gestorben (»Patripassianer«). Aber die Christenheit ist dieser Theologie nicht gefolgt, weil sie genau spürte: Hier gibt das Christentum sich selber auf. Sicher: Gott ist gestorben. Dieser Satz ist nötig. Aber wie sollte dieser Satz für mich eine gute, hoffnungsvolle Nachricht sein, wenn ich nicht wüßte: Hinter dem Kreuz des Sohnes steht der Vater, der wieder ins Leben ruft, was starb. Die Lehre von der Dreieinigkeit gibt dem Kreuzesgeschehen auf Golgatha also beides: eine letzte Dramatik und Tiefe (Gott selbst ist gestorben) und die Dimension der Hoffnung auf neues Leben (der Vater läßt den Sohn nicht fallen).

Ist damit die Sache mit dem dreieinigen Gott erschöpft? Wohl kaum. Man könnte noch viele Leitsätze aneinanderreihen und käme doch nie ans Ende. »Die Geheimnisse Gottes«, sagt Philipp Melanchthon, »wollen besser angebetet als definiert werden.« Das hat übrigens keiner so gut gewußt wie jener Theologe, der sich wohl am meisten mit dem trinitarischen Glaubensbekenntnis beschäftigte: Augustin. Von ihm wird erzählt: Er ging einmal, in Gedanken an das Geheimnis der Dreieinigkeit Gottes vertieft, am Meeresstrand spazieren. Da traf er ein Kind, das gerade Wasser mit einem Eimerchen aus dem Meer schöpfte, um es auf dem Land auszugießen. Gefragt, warum es das tue, antwortete das Kind: »Ich will das Meer ausschöpfen.« Das stimmte Augustin nachdenklich: ›Sowenig dieses Kind das Meer ausschöpfen kann, so wenig wird es mir gelingen, das Geheimnis der Dreieinigkeit mit meiner Vernunft auszuschöpfen.‹